Shamballa, der goldene Tempel des Lichts

Johannes H. von Hohenstätten

Mein Dank geht an Peter Windsheimer für das Design des Titelbildes. Des Weiteren an Ariane und Michael Sauter.

Für Schäden, die durch falsches Herangehen an die Übungen an Körper, Seele und Geist entstehen könnten, übernehmen Verlag und Autor keine Haftung.

Copyright© 2016 by Christof Uiberreiter Verlag
Waltrop – Germany

Herstellung und Verlag:
BoD – Books on Demand, Norderstedt
ISBN 978-3-7322-8874-8

Inhaltsangabe

Vorwort... 4

1. Allgemeines... 5
   – Die Sage vom König der Welt............................. 12
2. Die Rosenkreuzer... 16
3. Östliche Legenden und Anschauungen................. 20
   – Materialisation eines Palastes............................ 20
4. Was die anderen (okkulten) Forscher sagen.......... 27
   – Der Tempel des Lebens..................................... 32
5. Filme... 36
6. Die Theosophen... 38
7. Maha-Chohan oder Urgaya und die Brüder des Lichts.......... 44
   – Die Wahrheit über die Weiße Bruderschaft........... 45
8. Die Wüste Gobi... 48
9. Was wissen wir Hermetiker über den berühmten Tempel...... 53
10. Der Tempel der Blauen Mönche............................ 58

Nachwort... 61

Vorwort:

Anlass zum Schreiben dieses Buches gab ein Artikel der Logenzeitschrift der Fraternitas Saturni „Blätter für angewandte okkulte Lebenskunst" in dem folgendes steht: „ . . . *Surya (Okkultist) befragte Dr. Hartmann (Theosoph), der unter vielen anderen Arbeiten auch die Novelle „Ein Abenteuer unter Rosenkreuzern" geschrieben hat, ob das, was er darin beschrieben hätte, nicht nur eine Erzählung, sondern wirklich geschehen sei, und ob er in seinem Leben mit echten Rosenkreuzern zusammengetroffen sei? Hartmann antwortete: „Warum sollte ich nicht mit Rosenkreuzern zusammengetroffen sein?" Anschließend schildert er, dass die echten Rosenkreuzer jährlich eine Zusammenkunft in einem Berg der Alpen haben (in der Novelle ist dieser Platz als das bayerische Hochgebirge angegeben). Allerdings findet diese Zusammenkunft auf der Astralebene statt.* (Nun kommt der Satz, welcher wider Meister Arion geht und mich zu dieser Schrift veranlasste): *Vermutlich hat Bardon in seinem Roman „Frabato" sich die Geschichte der Bruderschaft und des Alten vom Berg hieraus entliehen . . . !"*

Solch eine Behauptung, dass wieder einmal Franz Bardon etwas „entliehen", oder wie des Öfteren schon gesagt wurde, „abgeschrieben hat", kann ich nicht gelten lassen.

Ich werde nun alles, was über die Bruderschaft des Lichts und dessen Tempel – Shamballa – gesagt wurde, in einen sinnvollen Zusammenhang bringen, denn darüber wurden bis jetzt nur Verstümmelungen und Unwahrheiten ans Tageslicht gebracht. Man braucht nur in Analogien zu denken und schon hat man die Wahrheit!

Am Ende erwähne ich dann, was Franz Bardon über den Tempel geschrieben hat, bzw. was den Hermetikern bekannt ist. Erst nach dem Lesen dieses Werkes kann man sich ein klares Bild über die Wahrheit der obigen Aussage erlauben!

1. Allgemeines

Beginnen möchte ich mit der Behauptung, dass sämtliche Literatur über Shamballa nicht der Wahrheit entsprechen. Es ist nun mal so, dass es auf dem Gebiet der Esoterik 1000 mal mehr Gaukler als wahre Magier gibt! Die spärlichen Informationen sind sehr rar gesät, so dass, wenn man über dem Tempel etwas wissen will, nicht nur einzelne Bücher lesen, sondern die gesamte okkulte Literatur durchstöbern muss, so gut es halt geht. Leider bin ich gezwungen, ein wenig auf die verfälschte Literatur über den Tempel des Lichts näher einzugehen. Als erstes möchte ich den Roman von Ossendowski „Tiere, Menschen und Götter" erwähnen, in welchem der Autor schreibt, dass er fälschlicherweise den Eingang zu „Agarthi" gefunden hat, welcher mehrmals in einigen Schriften mit Shamballa verwechselt wird. Nicht nur das, sondern er wird immer wieder mit einem Land oder einer Stadt gleichgesetzt. In Wahrheit ist Shamballa nur ein Tempel!

„Ossendowski, der Autor des Romans, studierte an der Sorbonne in Paris unter der Leitung der Professoren Trost und Bouty Chemie und Physik. Nach Beendigung seiner Studien trat er in die russische Armee ein und war während des russisch-japanischen Krieges der Armee des Generals Kuropatkin als Oberkommissar für Brennstoffe zugeteilt worden. Bei Ausbruch des ersten Weltkrieges war er als technischer Sachverständiger im Obersten Marinerat tätig. Nach der russischen Revolution war er Professor am Polytechnikum zu Omsk, von wo ihn Koltschack abberief, um ihn mit einer wichtigen Mission in Sibirien zu betrauen. Nachdem Koltschack besiegt war, musste Ossendowski durch die Wälder des Jenissei-Gebietes und die Mongolei flüchten.

Dieses Agarthi Ossendowskis ist, nach manchen Einzelheiten zu schließen, völlig identisch mit jenem sagenhaften Agarttha, von dem in modernen Okkultistenkreisen viel „gefabelt" wird. Die Übereinstimmung mancher Details ist allerdings derart frappant, dass man die Glaubwürdigkeit von Ossendowskis Reisebericht in Zweifel zog und ihn des Plagiates bezichtigte. Diese Polemik gegen Ossendowski wurde eingeleitet durch die Anklage Sven Hedins, der aus einigen unzutreffenden geographischen Angaben glaubte folgern zu können, dass der Verfasser die beschriebenen Gegenden tatsächlich nicht bereist hätte. In seinem Buch „Von Peking nach Moskau" hat Sven Hedin in einem besonderen Kapitel sich eingehend mit dem Nachweis der vermeintlichen Irrtümer Ossendowskis befasst. Sven Hedin wurde in dieser Campagne von dem französischen Forschungsreisenden George Montandon sekundiert, der Ossendowski öffentlich für einen Betrüger oder Halluzinierten erklärte. Diese Polemiken hatten einen starken Widerhall in der Presse und fanden erst einen vorläufigen Abschluss, als sich Ossendowski und Montandon zu einer öffentlichen Aussprache in Paris im November 1924 trafen.

Nachdem somit der Streit unter den Forschungsreisenden zur Ruhe gekommen war, wurden aus französischen Okkultistenkreisen sehr präzise Plagiatsbeschuldigungen gegen Ossendowski erhoben. Man hatte nämlich eine sehr verdächtige Ähnlichkeit seiner Angaben über das mysteriöse Agarthi entdeckt mit den Darstellungen, die ein französischer „Eingeweihter" über diesen Gegenstand in einem posthumen Werk niedergelegt hatte. Der am 5. Februar 1909 verstorbene Marquis Saint-Yves d'Alveydre hatte das Manuskript eines Buches „La Mission de l'Inde" hinterlassen, das er wegen seines tiefgründigen esoterischen Inhaltes angeblich nicht zu veröffentlichen wagte und das seine Freunde im Jahre 1910 herausgaben.

In Wirklichkeit lag die Sache aber etwas anders. Die früheren Arbeiten Saint-Yves fanden nur einen sehr geringen Absatz, und in den letzten Jahren seines Lebens war der Marquis in sehr schlechten finanziellen Verhältnissen, sodass ihm die Mittel zur Drucklegung jenes Werkes fehlten. Dieser Marquis (von des Papstes Gnaden) war ein sonderlicher Kauz und ein Utopist reinsten Wassers. Er war ein Weltverbesserer eigener Art, der Europa nach esoterischen Grundsätzen umgestalten wollte. Nebenbei bemerkt wurde sein Gedanke von der gesellschaftlichen Dreigliederung von Dr. Rudolf Steiner als eigene „geisteswissenschaftliche" Erkenntnis accapariert. Ähnlich wie Hoene Wronski (1778-1843) wandte Saint-Yves d'Alveydre sich an Könige und Fürsten, um diese für die Verwirklichung seiner esoterisch-sozialen Reformideen zu gewinnen. Saint-Yves d'Alveydre soll von zwei indischen Eingeweihten in die Hindu-Geheimlehre eingeführt worden sein, und diese sollen ihm auch die Kenntnis des Vattan, des sakralen Uralphabetes (22 Buchstaben), vermittelt haben. Selbstverständlich bleiben Persönlichkeit und Herkommen dieser Lehrmeister in mystisches Dunkel gehüllt. Von diesen mysteriösen Weisheitslehrern soll er auch seine Informationen auf Agarttha bezogen haben.

Das erwähnte posthume Buch beschäftigt sich beinahe ausschließlich mit dieser verborgenen Mysterienschule. Der vollständige Titel dieses Werkes *lautet: „Mission de l'inde en Europe. Mission – de l' Europe en Asie. La question du Mahatma et sa solution".*

Wir erwähnen nur einige Kapitelüberschriften aus dieser kuriosen Schrift: Das Zentralheiligtum des Pam-Kultus. – Wo liegt Agarttha? – Agarttha seit der Rama-Epoche. – Die Zentralverwaltung von Agarttha. – Die Hierarchie in Agarttha. – Die Weisheitslehre von Agarttha. – Das Zentralheiligtum, Sitz des Brahmatma. – Agarttha und die Herrschaft der Welt. – Agarttha und seine Bedeutung für unsere Kulte und Hochschulen. – Agarttha und die Apostelbriefe des Evangeliums usw.

Diese summarische Aufzählung der Kapitel gibt allein schon eine hinreichende Vorstellung von der Bedeutung, die der Verfasser diesem mysteriösen Initiertenkollegium beilegt, das er jedoch nur vom Hörensagen kennen konnte. Seine Hierarchie hat folgende Zuordnung: Der höchste Kreis, der am nächsten neben dem geheimnisvollen Zentrum – Akasha – steht, besteht aus zwölf Mitgliedern, die die höchste Einweihung vertreten. Sie entsprechen unter anderem den 12 Tierkreiszeichen. Man kann die zwölf „Adepten" auch gleichsetzen mit den „zwölf Sonnen" oder den zwölf Strahlen der Sonne. Des Weiteren gibt es auch Ähnlichkeiten mit dem Roman von Bulwer Lytton „Das kommende Geschlecht", die aus einem angeblich unterirdischen Reich, durch hoch entwickelte Wesen, mit Hilfe der geheimnisvollen „Vril-Kraft" unsere Welt beherrschen und uns mit ihrem Wissen bereichern.

Bereits einige Jahrzehnte bevor die Enthüllungen Saint-Yves d' Alveydres über die gefürchteten Eingeweihten von Agarttha veröffentlicht wurden, wusste man in Europa schon einiges über Agarttha und dessen Oberhaupt Brahmatma. Dies hatte Louis Jacolliot in seinen Büchern „Les fils de Dieu" (S. 236, 263-267, 272) und in „Le Spiritisme dans le Monde" (S. 27-28) ausgeplaudert, die 1873 bzw. 1875 in Paris veröffentlicht worden sind. Louis Jacolliot wurde 1806 in St. Etienne geboren. Nachdem er seinen Dr. jur. gemacht hatte, war er einige Zeit als Rechtsanwalt in Paris tätig und bekleidete alsdann während 20 Jahren das Amt eines Richters in Ponditscherri. Jacolliot ist allerdings ein sehr verdächtiger Gewährsmann, denn seine viel zitierten Fakirgeschichten zeugen von einer unglaublichen Naivität. Er hat insgesamt 17 Bücher über indische Traditionen, Religions-wesen, Mysterienkulte und dergl. geschrieben, deren dokumentarischer Wert wegen seiner Leichtgläubigkeit und Oberflächlichkeit jedoch sehr gering ist. Uns interessiert hier vor allem nur der Zeitpunkt, an dem die Agarttha-Frage zuerst im modernen okkultistischen Schrifttum aufgetaucht ist. Jacolliots Buch „Le Spiritisme dans le Monde", das bereits 1879 in zweiter Auflage erschien, wurde damals in Spiritistenkreisen viel gelesen.

Bekanntlich wurde die Theosophische Gesellschaft gegen Ende des Jahres 1875 von H. P. Blavatsky gemeinschaftlich mit Oberst Olcott gegründet. Ebenso bekannt ist, dass diese Gesellschaft aus der spiritistischen Bewegung hervorging, wenngleich auch jetzt der Spiritismus in diesen Kreisen offiziell verpönt ist. Frau Blavatsky soll selbst Medium gewesen sein, oder wenigstens verstand sie es, ihren Anhängern solche Fähigkeiten glaubhaft zu machen. Nachdem jetzt die „Quellen" allmählich bekannt geworden sind, die H. P. Blavatsky für die Redaktion ihres konfusen Monumentalwerkes „Isis Unveiled" benutzte, dürfte es sehr wahrscheinlich sein, dass sie in Jacolliots Schriften die erste Anregung zur Erfindung der Mahatmas fand, die in der Folgezeit eine ganz hervorragende Rolle in der theosophischen Bewegung spielen sollten. Diese Vermutung wird dadurch bestätigt, dass Rene Guenon (Theosophisme, S. 92) einen Brief Olcotts erwähnt, worin dieser Frau Blavatsky das Buch „Spiritisme dans le Monde" sowie Jacolliots sonstige Schriften über Indien angelegentlichst empfiehlt. Zu jener Zeit war Olcott selbst mit der Lektüre dieser Bücher beschäftigt. Anfänglich versuchte H. P. Blavatsky die neue Gesellschaft dadurch zu akkreditieren, dass ihre Gründungsmitglieder Angehörige bedeutender Geheimorden sein sollten. Bald berief man sich auf die mysteriöse H. B. of L. (Hermetic Brotherhood of Luxor), bald auf den – wenigsten dem Namen nach – bekannteren Rosenkreuzerorden. Während der ersten Jahre berief man sich auch formell auf die Initiertenschule Agarttha. Bemerkenswert ist, dass Blavatsky bis gegen 1875 stets nur von ihrem Kontrollgeist „John King" sprach, dessen besonderer Schutz übrigens noch von verschiedenen Pseudomedien beansprucht wurde. Erst später, vermutlich nach der Lektüre von Jacolliots Elukubrat, lässt H. P. Blavatsky den Mahatma Koot Hoomi Lal Singh in Aktion treten, dem sie später Morya zugesellt, den einige Jahre nachher auch Annie Besant für sich in Anspruch nahm. Als Dritter im Bunde erschien in der Folge dann noch Djwal Kul.

Die Mahatmas sind nach theosophischer Auffassung Hochgrad-eingeweihte der „Weißen Brüderschaft", d. h. jener okkulten Hierarchie, die im Verborgenen die Welt leitet: Hier ist also das Agarttha-Motiv in der theosophischen Literatur klar erkennbar. Anfänglich wurden die Mahatmas einfachhin als höhere „Brüder" von den Theosophen bezeichnet, gemäß einer Gepflogenheit ihrer Gründer, die verschiedenen freimaurerischen

Organisationen angehörten. In der Folge wurde jedoch die dem Rosenkreuzerjargon entnommene Bezeichnung „Adept" gebräuchlicher. Für die Theosophen sind diese Adepten lebende Menschen, jedoch Menschen, die durch Askese besondere Fähigkeiten und Kräfte in sich entwickelt haben, die übermenschlich erscheinen, wie z. B. die Möglichkeit, die Gedanken anderer zu erkennen, die Fähigkeit, auf psychischem Wege mit anderen Adepten auf große Entfernungen zu verkehren, sowie auch das Vermögen, auf astralem Wege von einem Ende der Welt zum anderen, ja selbst auf andere Planeten zu wandern.

Die schöne Mär von den Mahatmas fand während einem Jahrzehnt gläubige Hörer, bis der böse Dr. Richard Hodgson im Auftrage der Londoner „Society for Psychical Research" in grausamer Weise den Schwindel aufdeckte. In einem Moment seelischer Depression bekannte Frau Blavatsky im Februar 1886 in einem Brief an ihren Landsmann Solovioff: „Ich werde im „Times" und in allen Zeitungen veröffentlichen, dass Meister Morya und Mahatma Kooty Hoomi nur das Produkt meiner eigenen Phantasie sind, dass ich sie in allen Stücken frei erfunden habe . . . Man soll den Leuten nicht alles glauben, was sie sagen; man soll aber auch nicht glauben, dass sie alles ohne zutreffenden Grund sagen". – Eingedenk dieser Worte Kants müssen wir uns fragen, welche tatsächliche Begebenheit der Agarttha-Legende zu Grunde liegt? Mit besonderer Vorliebe berufen sich die Nutznießer der Agarttha-Legende auf das Rosenkreuzertum. Rene Guenon weiß verschiedene Rosenkreuzerschriften namhaft zu machen, die H. P. Blavatsky gemeinsam mit Olcott in Amerika studierte und die ihr als Quelle dienten, um den Mahatmas jene fabelhaften Eigenschaften anzudichten, die den rosenkreuzerischen „Adepten" nachgerühmt wurden. Entgegen ihrer Behauptung hat sie also die Mahatmas nicht in allen Stücken frei erfunden, sondern den von den Rosenkreuzern geschaffenen Prototyp getreulich kopiert." – Zitiert aus dem „ZfO", „Das Agarttha-Motiv" von E. Hengtes.

Wenn man auch jetzt in theosophischen Kreisen den Mahatmas reservierter gegenübersteht als vor einigen Jahrzehnten, und der Glaube an die geheimnisvollen Übermenschen in Tibet nicht mehr obligatorisch ist, so hat doch die Idee von dem Initiertenzentrum Agarttha auch in der Jetztzeit keineswegs an Keimkraft verloren.

Im Laufe des Jahres 1929 kam man dann auch dahinter, dass die Sendestation für die „astralen Orakelsprüche" sich im Himalaja befände. *„ Um die ängstlichen Gemüter der Abendländer zu beruhigen* – schreibt ein

Unbekannter unter dem Pseudonym Zam Bhotiva – *wollen wir gleich mitteilen, dass die drei Weisen, mit denen wir in direkter Verbindung stehen, wesentlich rosenkreuzerische Zwecke verfolgen. Lehrt nicht übrigens die esoterische Tradition, dass die letzten Rosenkreuzer sich gegen Ende des 17. Jahrhunderts nach Asien zurückgezogen haben? "*

Diese Dreizahl der himalajaschen Weisen ist sehr bemerkenswert und bildet offenbar ein frappantes Gegenstück zu den drei Mahatmas, welche die unsichtbaren Manager der Theosophischen Gesellschaft sein sollen. Hier sind Anklänge an die Agarttha-Legende zweifellos erkennbar. Gemäß Saint-Yves d´Alveydre soll das Oberhaupt von Agarttha den Titel Brahmatma tragen; ihm sind zwei Assessoren zugeteilt, die Mahatma und Mahanga genannt werden. Bei Ossendowski differiert diesbezüglich nur die Schreibweise; dort heißt es: Brahytma, Mahytma und Mahynga.

Bereits der französische Orientalist Ernest Renan hat in den 1876 erschienenen „Dialogues et fragments philosophiques" (deutsch, Leipzig 1877) die Mahatmas erwähnt und als deren Sitz Asgard (=Shamballa) angeben. Derartige Gleichklänge wie Asgard (Asgardhr) und Agarttha sind in der esoterischen Symbolik häufig anzutreffen und sind in ideengeschichtlicher Hinsicht manchmal sehr aufschlussreich. Asgard ist bekanntlich das im Himmel gedachte Reich, in dem die Asen wohnen. Dort hat Odin seinen Sitz gemeinschaftlich mit Thor und Freyr. Das jüngste Echo der Agarttha-Märe fand ich soeben in der Broschüre von Gregor Schwartz-Bostunitsch, betitelt „Die rätselhaften Zeichen im Zimmer des Zarenmordes" (Erfurt 1930), wo es in einer Fußnote auf S. 23-24 heißt:

„Die wirklichen Grundlagen der Geheimwissenschaften sind nicht verloren gegangen und sie befinden sich auch noch heute in den Händen von hohen Eingeweihten . . . übrigens ist eine Sammlung der allerältesten Nieder-schriften der menschlichen Weisheit ebenso wenig verschwunden wie die Bücherschätze der Alexandrinischen Bibliothek, durch deren Vernichtung bei der Eroberung Alexandrias durch den Kalifen Omar 641 gänzlich verloren gegangen sind. Denn es existiert auf Erden ein für die verwüstungshungrige Menschheit unzugänglicher Ort in Indien – Shamballa –, wo, dem Auge des Europäers völlig unnahbar, in einer „unterirdischen" Universität alle Weisheit der Erde aufgespeichert liegt. Diese unterirdische Universität, Agarttha genannt, hat der französische Okkultist Saint Yves d´Alveydre in seinem Buche „Die Mission Indiens in Europa" (1886 geschrieben, 1910 erst gedruckt) geschildert. (Bekanntlich hat dieses Buch der polnische Freimaurer und Reiseschilderer

Ossendowski geplündert, was ich und dann Sven Hedin nachwiesen.) Die Agarttha existiert nach ihm (Saint Yves d'Alveydre) 1930 das 55691. Jahr. Den Propheten Daniel hält er für einen Eingeweihten der Agarttha. Das Buch von Sven Hedin „Ossendowski und die Wahrheit" ist 1925 in Leipzig im Verlage F. A. Brockhaus erschienen. Seine Überführung des Polen verdankt er eigentlich dem unangenehmsten unter den Steiner-Schülern, Albert Steffen, und dieser wieder dem Sprachforscher Günther Schubert".

Eine andere Geschichte besagt, dass es in Berlin angeblich einen tibetanischen Mönch gegeben hat, der unter dem Spitznamen „der Mann mit den grünen Handschuhen" bekannt war und der dreimal in der Presse mit absoluter Genauigkeit im Voraus die Zahl der nationalsozialistischen Abgeordneten angab, die in den Reichstag einziehen würden. Dieser Mann hatte regelmäßige Zusammenkünfte mit Hitler. Er trug angeblich den Namen „der Bewahrer der Schlüssel, die das Reich Agarthi öffnen". Auch die Mitglieder der Thule-Gesellschaft waren überzeugt, dass die Bewohner aus dem Lande Gobi die Grundrasse der Menschheit, den arischen Stamm, bilden. Haushofer – ein Mitglied der Gesellschaft! – wies auf die Notwendigkeit hin, zu den Quellen zurückzukehren, d. h. ganz Osteuropa, Turkestan, Pamir, die Wüste Gobi und Tibet zu erobern. Diese Länder waren in seinen Augen die Herzregion des Planeten Erde und der Herrscher über sie war gleichzeitig der „Herr der Welt". Nach dieser Sage, so wie sie Haushofer zugesprochen wurde, soll er sie 1905 aus dem Orient mitgebracht haben, aber eher hatte er sie der „Geheimlehre" der Madame Blavatsky entnommen! Nach René Guénon (in „König der Welt") sollen sich die führenden Persönlichkeiten jener hohen Kultur, die großen Weisen, die Söhne der Geister anderer höherer Welten, nach der Katastrophe von Gobi in einem riesigen Höhlenbezirk unter dem Himalaja angesiedelt haben. Nach dem Akashafoto von Bardon zu urteilen, befindet sich Shamballa jedoch nicht unter der Erde. Somit ist das wieder einmal ein Fehler!

Die verfälschte Geschichte sagt weiter, dass sich innerhalb dieses Bezirks zwei Gruppen bildeten; die eine folgte dem „Weg rechter Hand", die andere dem „Weg linker Hand". Der Mittelpunkt des ersten Weges soll Agarthi gewesen sein, eine unauffindbare Stadt, der Ort der Kontemplation, der Tempel des Nicht-Teilhabens an der Welt. Der zweite Weg führte über Shamballa, die Stadt der Macht und der Gewalt, deren Kräfte über die Elemente und die Massen der Menschen geboten und sie der großen

Zeitwende entgegenführen.

Alle diese Aussagen entsprechen nicht der Wahrheit. Zur Richtigstellung des obigen Artikels muss ich sagen, dass Shamballa die universelle Mitte darstellt. Der Palast besteht aus Gold und wird auch der goldene Tempel genannt – Gold = Sonne = der Mittelpunkt unseres Universums! – da gibt es keine zwei Wege!

Aber bevor ich selbst zu viel sage, lasse ich Herrn Dr. Lomer, den Freund Bardons, sprechen, welcher in der Zeitschrift „Psyche" einen interessanten Artikel über das oben erwähnte Buch von Ossendowski geschrieben hat. Ich zitiere (S.96-97):

Die Sage vom König der Welt:

„Deutschland hat seine Kyffhäuser-Sage. Andere Völker, die Slawen, die Ungarn usw. haben ähnliche Überlieferungen und erinnern sich ihrer in den Zeiten der Heimsuchung. Und immer ist die Grundfabel der Sage die gleiche: Ein geliebter Herrscher, Volksführer oder Heerkönig ist, statt den Tod gewöhnlicher Sterblicher zu erleiden, in die Tiefen eines Berges entrückt worden. Dort schlummert er, umgeben von Tausenden seiner gepanzerten Ritter, einen langen Schlaf. Ab und zu steigen seine Boten herauf, um nach dem Wetter der Zeiten zu sehen. Ist es dunkel, „fliegen die Raben noch um den Berg", so muss er weiter schlummern in todgleicher Erstarrung. Ist aber seine Stunde gekommen, so reibt er sich den Schlaf aus den Augen, reckt die Hand ans Schwert und steigt mit seinen Mannen herauf, um sein harrendes Volk zu neuer Blüte zu führen.

Eine besonders eigenartige Behandlung dieses Motivs hat Ossendowski, ein Amerikaner, aus dem fernen Osten mitgebracht und berichtet darüber in seinem Buch „Tiere, Menschen und Götter". Den Mordkommandos der roten Bolschewiki entronnen, gelangte er auf abenteuerlichen Fahrten in die Mongolei, kam mit der höheren lamaistisch-buddhistischen Klostergeistlichkeit in Berührung und hörte hier folgende Legende: Vor mehr als 60 Jahrtausenden verschwand ein Heiliger mit einem ganzen Menschenstamm unter dem Erdboden und gründete dort das Königreich Agarthi. Niemals kehrte er an die Oberfläche der Erde zurück, aber viele haben dieses verschollene Land seitdem besuchen dürfen. Dennoch weiß keiner wo es liegt; die einen sagen: In Afghanistan, andere: In Indien. In ihm ist das Volk gegen das Böse geschützt, das inzwischen die ganze Erdoberfläche unterjocht hat. Verbrechen geschehen dort nicht. Während

12

draußen ganze Reiche sich erhoben und wieder stürzten, hat die ruhige Entwicklung dort unten keine Unterbrechung erfahren. Das unterirdische Volk hat das höchste Wissen erreicht; in diesem unterirdischen Reich scheint ein besonderes Licht, und es gedeihen dort auch Getreide und andere Pflanzen. Millionen von Menschen, in verschiedene Stämme gegliedert, wohnen heute in Agarthi, und das Reich erstreckt sich über alle unterirdischen Höhlen, von deren Ausdehnung die oberen Menschen keine Ahnung haben.

Sein Herrscher ist der König der Welt, der alle Kräfte der Welt kennt und in den Seelen der Menschheit und im Buche ihres Geschickes zu lesen vermag. Die Hauptstadt des Landes ist von Städten umgeben, die von Hohepriestern und Männern der Wissenschaft bewohnt sind; sie erinnern an Lhasa, wo der Palast des Dalai Lama die Spitze eines Berges darstellt, der mit Klöstern und Tempeln bedeckt ist. Der Thron des Königs der Welt ist von Millionen inkarnierter Götter umringt . . .

Wenn unsere wahnwitzige Menschheit einen Krieg gegen das unterirdische Königreich beginnen sollte, so wäre dieses imstande, die ganze Oberfläche unseres Planeten in die Luft zu sprengen und sie in eine Einöde zu verwandeln. Die Bewohner von Agarthi können Meere trocken legen, Kontinente in Ozeane verwandeln und Berge zu Wüstenstaub machen. Der König der Welt kann sich mit den Gedanken aller Männer in Verbindung setzen, die das Los und Leben der Menschheit beeinflussen, mit den Königen, Zaren, Kriegsführern, Hohepriestern, Männern der Wissenschaft und allen anderen starken Persönlichkeiten. Sind ihre Pläne Gott gefällig, so wird der König der Welt sie fördern. Missfallen sie aber Gott, so vereitelt er sie. Vor über 30 Jahren ist der König der Welt in ein mongolisches Kloster gekommen und hat frommen Mönchen für das bevorstehende halbe Jahrhundert die Zukunft prophezeit: Den siegreichen Materialismus, die ungeheure Demoralisation, den Weltkrieg, den Sturz der Könige und die Auflösung ganzer Reiche, schließlich aber wird Gott ein unbekanntes Volk erwecken, das sich rein erhalten hat, und wird mit ihm seine Herrschaft auf Erden aufs neue errichten und der König der Welt wird mit ihm sein . . . "

Alles dies hat man dem Berichterstatter nicht etwa als Legende erzählt, sondern als – seltsame und wunderbare – Wirklichkeit. Er nennt sie „das Mysterium der Mysterien" und lässt die Frage offen, ob sich nicht hinter der phantastischen Ausschmückung der ganzen Erzählung ein realer Kern verbirgt.

13

Ein Königreich unter der Erde, mit eigenem Licht, mit Ernten und volkreichen Städten, in denen hohe Weisheit ihren Sitz hat? Der Wissenschaftler, der so etwas hört, lächelt und schüttelt den Kopf. Die Geologie weiß von so ungeheurer Höhlenbildung – wenigstens vorläufig – nichts, sie hält an der Lehre vom festen, schwermetallischen Erdkern fest und will von phantastischen Jules-Verniaden dieser Art nichts wissen. Aber gibt es denn keine andere Betrachtungsweise als die kritisch-analytische? Kann man sich dem Gedanken verschließen, dass sich in diesem eigenartigen Mythos ein tiefer Symbolsinn äußert?

Der „König der Welt" in den „Tiefen der Erde", – ist er nicht als das Höhere Selbst der Menschheit aufzufassen, das von ihr verleugnet ward und sich darum in die Tiefe des Unterbewusstseins zurückgezogen hat, von wo es einst wiederkehren wird?

Der „König der Welt", der – wie es heißt – mit Gott selber spricht, ist er nicht das Gewissen der Völker, das von ihnen verraten wurde, um sich zu neuer Macht zu erheben, wenn die Stunde gekommen ist? . . ."

*

Soviel zur Klarstellung über Agarthi! In der okkulten Zeitschrift „Die Andere Welt" wird ein Artikel von Waltharius mit dem Titel „Was wissen wir über Shamballa und Agarthi" veröffentlicht. Er fasste dort alles zusammen, was über diese beiden Orte bisher gesagt wurde. Das ist zwar nicht viel, aber immerhin sehr interessant.

Es geht darin um den „Nabel der Welt" welcher Shamballa ist, in der Wüste Gobi gelegen, denn von hier aus wurde die Erde erschaffen, und stellt eine Verbindung zur geistigen Welt dar. Dieser Ort besteht seit eh und je und ist der Sitz der Entwicklung der Menschheit. Vor 6 ½ Millionen Jahren, als die Wüste Gobi ein Meer war, lugte daraus eine Insel empor. Auf der ließen sich die „Manus", die Eingeweihten der Venus nieder. Leadbeater schreibt in seinem Buch „Der Mensch woher, wie und wohin" die Erscheinung dieses Mahatmas auf Erden:

„Mit dem gewaltigen Getöse des schnellen Niederstiegs aus unberechenbaren Höhen, umgeben von blendenden Feuermassen, die den Himmel mit zuckenden Feuerzungen erfüllten, schoss der Wagen der Söhne des Feuers, der Herrn der Flamme, von der Venus durch die Räume der Luft; er hielt und schwebte über der „weißen Insel", die lächelnd im Busen des Gobi-Meeres ruhte. Grün strahlend lag sie unter Massen wohlriechender, vielfarbiger Blüten, und die Erde bot ihr Bestes und Schönstes, um ihren künftigen König willkommen zu heißen.

Da stand er. Der Jüngling von 16 Sommern. Sanat-Kumara, der Ewige Jungfrau-Jüngling, der neue Herrscher der Erde, der in sein Reich gekommen war; mit ihm seine Schüler, die drei Kumaras; seine Gehilfen um ihn; 30 machtvolle Wesen waren da, groß über jede irdische Berechnung, doch von verschiedenen Graden und Ordnung, gekleidet in herrliche, mittels Imagination geschaffener Körper, die erste okkulte Hierarchie, Zweige des einen sich ausbreitenden Banyan-Baumes, die Wiege und Schule der künftigen Adepten, der Mittelpunkt alles okkulten Lebens."

Etwas weiter unten geht es in diesem Aufsatz um die Lage von Shamballa, die Waltharius dem Werk von H. Hoffmann „Die Religion Tibets" entnommen hat. Ich zitiere:

„Das Land (?) Shamballa müssen wir zweifellos außerhalb Indiens suchen und es dürfte sich bei ihm ursprünglich auch um ein wirkliches, irdisches Gebiet gehandelt haben, während es in späterer Zeit zu einem rein mystischen Königreich verblasste. Es wird nach übereinstimmendem Zeugnis der Quellen nördlich des Flusses Shita lokalisiert. Csoma hat die Shita, den nördlichen der vier großen Weltströme, die nach der buddhistischen Kosmographie aus dem heiligen Manasarovar-See hervorströmen, mit dem Jaxartes identifizieren wollen, aber manche der märchenhaften ausgestalteten Beschreibungen des Weges nach dem geheimnisvollen Shamballa weisen eher auf den Tarim in Ostturkestan. Es sind bisher nur späte tibetische, also sekundäre Beschreibungen dieses Weges bekanntgeworden, während ein altes, in der Enzyklopädie des Tanjur enthaltenes, noch aus dem Sanskrit übersetztes Werk bisher keine Bearbeitung gefunden hat. Shamballa wird als ganz von Schneebergen umgeben geschildert (vgl. das Akashafoto von Bardon. Der Autor). *Im Zentrum des Landes liegt eine gewaltige Stadt mit dem Königspalast Kalapa . . ."*

2. Die Rosenkreuzer

„Christianopolis" heißt die kleine in sieben Kapitel aufgeteilte Schrift von J. V. Anderae, auf die ich hier eingehen möchte, da sie eine Abhandlung der Rosenkreuzer über den „goldenen Tempel" ist. Die „Reise", welche hier auf hermetische Weise geschildert wird, beginnt mit einer Schifffahrt über das „Meer". Der Name des Bootes ist „Fantasie". Auf Grund von „Stürmen" war die Reise zum Scheitern verurteilt – alles Symbole für eine Fahrt durch das Astralreich.

„Wenige entgingen dem Tod. Ich allein wurde schließlich ohne einen Gefährten auf eine kleine Insel getrieben, die sehr klein war."

Die Insel lag, wie ich später erfuhr und dem Leser nicht vorenthalten will, auf der südlichen Erdhalbkugel, 10 Grad vom Südpol, 20 Grad vom Äquator und ungefähr 12 Grad unter dem Zeichen Stier. Weitere Einzelheiten kann ich nicht angeben. Die Form ist ein Dreieck mit einem Umfang von ungefähr 30 Meilen.

„Die Insel ist reich an Äckern und Wiesen, hatte an allem großen Überfluss, und es gab keinen Fußbreit Boden, der nicht bebaut war oder irgendwie dem allgemeinen Nutzen diente. Sie wird von Flüssen und Bächen durchzogen, ist mit Wäldern und Weingärten geschmückt, und es wimmelt auf ihr von Tieren, als wäre es eine ganze „Welt im Kleinen". Man könnte glauben, dass Himmel und Erde sich hier vermählt hätten und im ewigen Frieden vereint wären", – so wird sie beschrieben, die den Namen „Caphar Salama" trug.

„Während ich mein Hemd, das einzige Kleidungsstück, das mir geblieben war, in den Strahlen der Morgensonne trocknete, kam plötzlich ein Inselbewohner, einer von den Wächtern (Meister), zu mir und erkundigte sich teilnahmsvoll nach meinem Missgeschick. Da er aufrichtiges Mitleid mit meinem Unglück hatte, bat er mich, ihm zu vertrauen und ihn in die Stadt zu begleiten, wo die Bevölkerung mich mit dem üblichen Wohlwollen Fremden und Verbannten gegenüber mit dem Nötigsten versorgen würde. Er fügte hinzu: „Glücklich bist Du, dessen Los es war, nach einem solchen schrecklichen Schiffbruch gerade hier an Land geworfen zu werden."

Ich konnte nur antworten: „Gott sei Dank!"

Während wir uns der Stadt „Christianopolis" näherten, erstaunte mich besonders ihr Anblick und ihre Schönheit. Nirgends auf der Welt habe ich derartig Schönes gesehen oder etwas, was auch nur annähernd damit verglichen werden könnte. Mich an meinen Begleiter wendend, fragte ich: „Welche Schönheit, welches Strahlen, welche Pracht hat sich hier niedergelassen?"

Er antwortete: „Dieser Tempel der Reinheit muss abgeschieden von der Welt im Verborgen liegen. Denn da die Welt sich gegen die „Edlen" empörte und sie aus ihren Grenzen vertrieb, hat die verbannte Religion ihre getreuesten Freunde um sich geschart und übers „Meer" geführt. Nachdem sie verschiedene Plätze untersucht hatten, wählten sie schließlich diese „Insel", um sich hier mit ihren „Brüdern" niederzulassen. Dann erbauten sie diese Stadt, die wir Christianopolis nennen und wünschten, dass sie eine Wohnstätte oder – so Ihr wollt, ein Bollwerk der Wahrheit und Recht-schaffenheit sein sollte. Den Edelmut unserer Republik allen gegenüber, die sich in Not befinden, wirst Du bald erfahren. Wenn Du die Stadt zu durchstreifen wünschest – es muss jedoch „schweigend", vorurteilslos und rechtem Verhalten geschehen – dann wird Dir das nicht abgeschlagen werden, und der Tempel wird Dir in allen Teilen offenstehen."

Hierauf antwortete ich: „Meinen verbindlichsten Dank! Das ist wahrlich ein wunderbarer Ausgleich zu meinem Schicksal. Ich werde nichts scheuen, damit ich, gewaschen, geschoren und gereinigt, zu den reinen Orten des Lichtes und Wahrheit zugelassen werde. O möge ich das sehen, was besser, wahrhafter, gewisser und beständiger ist, als alles, was die Welt wohl versprochen, aber niemals und nirgends hervorgebracht hat", denn ich wollte natürlich Wissen und Weisheit erlangen und machte mich auf den Weg.

Als wir uns der östlichen Pforte genähert hatten, lächelte mich der Wachhabende freundlich an und wies mich darauf hin, dass ich, da dieses Eiland nichts Ungehöriges dulde, nicht zu den Lügnern, Quacksalbern, Gauklern und Scharlatane zähle, kurz zu all denen, die sich überall einmischen, die Unwahrheit verbreiten und sich unnötig mit allerlei Irrwegen beschäftigen: Religiöse Fanatiker, denen es an wahrer Frömmigkeit fehlt; okkulte Giftmischer, welche die Wissenschaft der Alchimie schänden; Betrüger, die sich fälschlich Brüder des Rosenkreuzes oder sogar „Meister" und „Beschwörer der Geister" nennen und andere, welche die hermetische Wissenschaft und die wahre königliche Kunst beschmutzen. Denn sie werden nicht eingelassen!

Nachdem ich mich durch das Zeugnis meines tiefen und aufrichtigen Wissens von allem Verdacht gereinigt und mich verpflichtet hatte, all meine Kräfte in den Dienst der Wahrheit und der Gerechtigkeit Gottes zu stellen, übergab er mich einigen Begleitern, die mich zu einem zweiten Prüfer führten. Dieser Mann schien die innersten, intimsten Gedanken zu erforschen und hellsichtig die Wahrheit zu erkennen. Sehr höflich beantwortete er meinen Gruß und stellte mir auf freundliche Weise Fragen, während er jedoch sorgfältig mein Gesicht und meine Haltung beobachtete, um intuitiv Aufschluss über mich zu erhalten. Freundlich lächelnd erkundigte er sich über allerlei persönliche Dinge.

Er sagte: „Mein Freund, Du bist ohne Zweifel durch Gottes Fügung hierher gekommen, um zu lernen, dass es keineswegs notwendig ist, stets Böses zu tun und nach der Art der irdischen Menschen und deren Gesetzen zu leben. Wir werden Dir das heute noch beweisen, so wie wir es einmal alle Menschen erkennen lassen werden.

Wir werden es mit umso größerer Freude tun, da weder dein Charakter noch dein Schicksal gegen Dich sind und Du durch beider Gunst diesen Ort der Freiheit betreten hast. Wenn Du wirklich von Gott geführt wirst, so dass Du frei bist von niederen Leidenschaften und den so wichtigen magischen Ausgleich errungen hast, dann zweifeln wir nicht daran, dass Du bereits einer der Unseren bist und es auch ewig bleiben wirst."

Nachdem er mich so durchschaute, sagte er: „Mein Freund, sei guten Mutes, denn in unserer Gemeinschaft wirst Du genug wahre Adepten finden, die in Wissenschaft und Kunst gründlich gebildet sind."

Gleichzeitig gab er einem Diener den Auftrag, mich zu einem dritten Prüfer zu begleiten. Danach gab er mir zum Abschied die Hand und legte mir ans Herz, voll Vertrauen zu sein.

Als ich zum dritten Prüfer kam, erfuhr ich nicht weniger Freundlichkeit als beim vorigen. Denn ich will es ein für allemal sagen, dass es hier keinen Hochmut und keinen Stolz gibt. Hier herrscht nur Reinheit vor! Auch galt es, wie Sokrates „nichts zu wissen", aber in einem völlig anderen Sinne, da Akasha die Quelle sämtlichen Wissens ist.

Er fragte mich, inwieweit ich gelernt hätte, meine Gedanken zu beherrschen, meine seelischen Eigenschaften zu Vergöttlichen und in den Dienst meiner Mitmenschen zu stellen, der Welt und ihren Versuchungen zu widerstehen, in Harmonie mit dem Todesengel „Osrail" zu sein, dem geistigen „Führer" in meine wahre Heimat zu folgen; welche Fortschritte ich gemacht hätte in der Beherrschung der Sphären des Himmels und der Erde, in der präzisen Untersuchung der Elemente, in den Werkzeugen der quabbalistischen Kunst sowie in der Geschichte und der Entstehung der universellen Schöpfersprache, kurz: In der Harmonie der gesamten Welt.

Mit Erstaunen bemerkte ich, wie wenig von den vielen Dingen, die der Mensch auf Erden im Überfluss besitzt und reichlich geschenkt werden, mir zum wirklichen Nutzen geworden war. Das einzige, was ich unter Umständen tun konnte, war, ein offenes Bekenntnis abzulegen, und ich antwortete: „Sehr geehrter Meister, all diese Dinge sind mir völlig unbekannt. Aber ich kann Euch versichern, dass ich bereits innerlich danach verlangte, sie zu kennen, und den Mut gehabt habe, sie in Angriff zu nehmen. Doch dies geht nicht ohne große Hindernisse."

Darauf rief er beinahe jauchzend aus: „Du gehörst zu den Unseren, der Du offen und ehrlichen Wortes uns die Wahrheit kundgetan hast, reingewaschen von allen Unrat und Begierde. Es bleibt uns nun nur noch übrig, Gott zu bitten, er möge dir intuitiv eingeben, welche hermetischen Wege für dich von Vorteil wären.

Nun sollst Du wirklich unsere „Stadt" in allen ihren Teilen kennen lernen."

Und er gab mir drei Begleiter mit: Beeram, Eram und Neariam, Menschen mit Würde und Ehre, die mich überall umherführen sollten.

Ich beginne nun, das Äußere der Stadt zu beschreiben. Ihre Form ist ein Quadrat, dessen Seiten siebenhundert Fuß messen, gut verstärkt durch vier Türme und eine Mauer. Die Stadt ist nach den vier Himmelsrichtungen – den Elementen analog – ausgerichtet. Acht weitere sehr starke Türme, über die Stadt verteilt, erhöhen ihre Stärke. Weiter gibt es noch sechzehn kleinere Türme, die nicht vergessen werden dürfen. In der Mitte der Stadt erhebt sich eine so gut wie uneinnehmbare Burg. Darin befindet sich der runde Tempel, der einen Durchmesser von hundert Fuß besitzt.

„Außerhalb der Mauern", führt der Erzähler weiter, „gibt es einen fünfzig Fuß breiten Graben voller Fische, so dass er auch in Friedenszeiten Nutzen bringt. Im Gebiet der Bannmeile leben wilde Tiere, die hier nicht zum Vergnügen, sondern aus praktischen Gründen gehalten werden".

Hier endet die Erzählung, dessen Fortsetzung in den nächsten Kapitel weitergeführt wird.

3. Östliche Legenden und Anschauungen

Es gibt auch einige indische und tibetanische Legenden über den goldenen Palast, die jedoch so verwirrend sind, dass ich sie hier nur kurz anschneide. Im Jahre zwischen 960 und 970 n. Chr. kam ein Wandermönch namens Tsilupa an die Universität von Nalanda und zeichnete ein kompliziertes Siegel auf das Haupttor, welches eine Lehre von Shamballa beinhalten sollte, genannt „Das Mächtige von 10 Gestalten".

Nach dem Tode des Mönchs, erfuhr Dushepa davon und wollte das „Land Shamballa" sehen, um dort diese Lehre direkt zu studieren. In all den Geschichten über die Reise steht sehr viel Mysteriöses. Eine Sage besagt, dass er nach Shamballa geflogen sein soll, denn ohne Siddhis – okkulte Fähigkeiten – kann niemand dorthin gelangen. Nach einem anderen „Shamballa-Reiseführer" des sechsten Panchen Lama Tibets soll der Palast folgendermaßen aussehen: *„Über die Fassade des Palastes wird gesagt, dass sie aus verschiedenen Arten von Edelsteinen besteht und mit ihrem Zauberlicht einen riesigen Raum erfüllt; dieses Licht vermischt sich mit dem Funkeln der umliegenden Eisberge, sodass sich eine Helligkeit ausbreitet, welche die Nacht zum Tag macht und selbst die kleinste Schrift kann man zu jeder Zeit lesen."*

Dieser Shamballa-Reiseführer gliedert sich in zwei Teile: Der erste Teil befasst sich hauptsächlich mit der Geographie, Geschichte und Religion von Indien, der zweite Teil ist ausschließlich dem „Herrlichsten aller Länder – Shamballa" gewidmet. Der weitere Inhalt entspricht leider nicht der Wahrheit, so dass ich nicht darauf eingehe.

Weil wir uns gerade in östlichen Gefilden aufhalten, erwähne ich ein Erlebnis, das im zur besseren okkulten Romanliteratur zählenden Buch von Yogananda „Autobiographie eines Yogis" (S.435-439) geschildert wird, welches gut zu unserem Thema passt. Das Kapitel heißt:

„Materialisation eines Palastes im Himalaya"

„Da wurde ich durch das Geräusch herannahender Schritte aus meinen Träumen gerissen. Im Dunkeln fühlte ich, wie eine Hand mir aufhalf und mir trockene Kleider reichte.

„Komm, Bruder", sprach mein Gefährte, „der Meister erwartet dich."

Dann führte er mich durch einen dichten Wald. Als wir an eine Wegbiegung kamen, wurde die dunkle Nacht plötzlich von einem in der Ferne sichtbar werdenden, gleichbleibenden Leuchten erhellt.

„Ist das schon der Morgen?", fragte ich verwundert. *„Die Nacht kann doch noch nicht vorüber sein?"*

„Es ist jetzt Mitternacht", sagte mein Begleiter lächelnd. *„Das Licht, das du in der Ferne siehst, strahlt von einem goldenen Palast aus, der heute Nacht von dem unvergleichlichen Babaji materialisiert wurde. In ferner Vergangenheit hattest du einmal den Wunsch geäußert, dich an der Schönheit eines Palastes zu erfreuen. Unser Meister erfüllt dir nun diesen Wunsch und befreit dich von deiner letzten karmischen Bindung."*

Dann fuhr er fort: *„In diesem herrlichen Palast wirst du heute Nacht deine Einweihung in den Kriya-Yoga empfangen. Sieh, alle deine Brüder haben sich freudig versammelt, um dich nach deiner Verbannung willkommen zu heißen."*

Vor uns erhob sich ein mächtiger Palast aus schimmerndem Gold. Mit seinen zahlreichen Juwelen und gepflegten Parkanlagen, die sich in stillen Teichen widerspiegelten, bot er einen überwältigenden, majestätischen Anblick. Hohe Torbögen waren kunstvoll mit großen Diamanten, Saphiren und Smaragden besetzt. Menschen mit engelhaften Gesichtszügen standen vor dem Eingangstor, das im rötlichen Glanz zahlloser Rubine schimmerte.

Ich folgte meinem Gefährten in einen geräumigen Empfangssaal. Ein Duft von Räucherwerk und Rosen erfüllte die Luft; mattes Lampenlicht verbreitete einen vielfarbigen Glanz. Hie und da sah ich kleine Gruppen von Jüngern sitzen – einige von heller, einige von dunkler Hautfarbe – die leise vor sich hinsangen oder schweigend meditierten. Die ganze Atmosphäre atmete Frieden und Freude.

„Labe dich an diesem herrlichen Anblick und schaue dir die erlesenen Kostbarkeiten des Palastes gut an, denn er ist nur dir zur Ehren erschaffen worden", bemerkte mein Führer, der verständnisvoll über meine erstaunten Ausrufe lächelte.

„Bruder", sagte ich, *„die Schönheit dieses Bauwerkes übersteigt alle menschliche Vorstellungskraft. Erkläre mir bitte das Geheimnis seiner Entstehung."*

„Ich will dich gerne aufklären", sagte mein Begleiter, in dessen dunklen Augen tiefe Weisheit leuchtete, *„denn diese Materialisation ist kein unerklärliches Geheimnis. Der ganze Kosmos ist ein vom Schöpfer projizierter Gedanke. Und so ist auch der im Raum schwebende, schwere Erdkörper nichts als ein Traum Gottes, der alle Dinge aus Seinem Geist*

erschaffen hat, ähnlich wie der Mensch im Traum alle Lebewesen der Schöpfung nachbilden und lebendig werden lassen kann. Gott schuf diese Erde zuerst als Idee. Dann belebte Er sie, und es entstand die Energie und später die Materie. Aus den Erdatomen entwickelten sich die Erdmoleküle, die einen festen, kugelförmigen Körper bildeten und durch Gottes Willen zusammengehalten werden. Sobald er seinen Willen zurückzieht, lösen sich alle Erdatome in Energie auf; dann kehrt auch die Atomenergie zu ihrer ursprünglichen Quelle – dem Bewusstsein – zurück, und die Erde in ihrer gegenwärtigen Form verschwindet.

Alle Traumbilder werden nur durch die unterbewussten Gedanken des Träumenden aufrecht erhalten. Wenn diese zusammenhaltende Kraft beim Erwachen schwindet, löst sich der Traum mitsamt seinen Elementen auf. Der Mensch kann also mit geschlossenen Augen eine Traumschöpfung entstehen lassen, die er beim Erwachen mühelos wieder entmaterialisiert. Hierin folgt er dem göttlichen Vorbild. Ähnlich mühelos wird er auch, wenn er dereinst im kosmischen Bewusstsein erwacht, die Illusion des kosmischen Traumuniversums auflösen. Babaji, der sich in völliger Übereinstimmung mit dem allmächtigen göttlichen Willen befindet, kann den elementaren Atomen befehlen, sich zu jedweder gewünschten Form zusammenzusetzen. Dieser goldene Palast, der in einem einzigen Augenblick erschaffen wurde, ist ebenso wirklich wie unsere Erde. Babaji hat dieses wunderbare Bauwerk aus seinem Geist erschaffen und hält die Atome kraft seines Willens zusammen – ebenso wie Gott die Erde aus seinem Geist erschaffen hat und durch seinen Willen erhält."

Dann fuhr er fort: „Wenn das Gebäude seinen Zweck erfüllt hat, wird Babaji es wieder entmaterialisieren."

Ich verharrte in ehrfürchtigem Schweigen. Da beschrieb mein Führer mit der Hand einen Bogen und sprach: „Dieser mit kostbaren Edelsteinen verzierte, schimmernde Palast wurde nicht von Menschenhand erbaut; sein Gold und seine Juwelen wurden nicht mühselig aus den Bergwerken gewonnen. Und dennoch steht er fest gegründet da – eine Herausforderung an die Menschen. Wer wie Babaji durch eigene Verwirklichung weiß, dass er Gottes Sohn ist, kann auf Grund der in ihm verborgenen, unendlichen Kraft jedes Wunder zustande bringen. Schon ein gewöhnlicher Stein birgt eine ungeheure Menge Atomenergie in sich; daher ist auch der geringste aller Sterblichen ein göttliches Kraftwerk."

Der Weise nahm eine zierliche Vase vom Tisch, deren Henkel mit funkelnden Diamanten besetzt war.

"Unser großer Guru erschuf diesen Palast, indem er Myriaden von freien, kosmischen Strahlen verdichtete", fuhr er fort. "Nimm einmal diese Vase in die Hand und betaste die eingelegten Diamanten; sie halten jeder Prüfung durch die Sinne stand."

Ich untersuchte die Vase, deren Juwelen der Sammlung eines Königs wert waren. Dann strich ich mit der Hand über die Wände des Raumes, die aus massiven, schimmernden Gold bestanden. Ein Gefühl tiefer Befriedigung bemächtigte sich meiner. Ich spürte, wie ein im Unterbewusstsein schlummernder Wunsch aus vergangenen Leben zugleich erfüllt und ausgelöst wurde.

Mein edler Gefährte führte mich nun durch kunstvolle Torbögen und Wandelhallen zu einer Zimmerflucht, die mit prunkvollen Möbeln, wie man sie in kaiserlichen Palästen findet, ausgestattet war. Von dort gelangten wir in einem geräumigen Saal, wo der erhabene Babaji in Lotosstellung auf einem goldenen Thron saß. Die in den Thronsessel eingelassenen Edelsteine blitzten in einer augenblendenden Farbensymphonie. Ich kniete auf dem schimmernden Boden zu seinen Füßen nieder.

"Lahiri, freust du dich über die Erfüllung deines Wunschtraumes – den goldenen Palast?"

Die Augen meines wachen Gurus funkelten wie Saphire in seinem Thron. "Erwache! Alle deine irdischen Wünsche sind nun auf immer gelöscht!"

Dann murmelte er einige geheimnisvolle Segensworte und sprach: "Erhebe dich, mein Sohn, um durch den Kriya-Yoga in das Reich Gottes aufgenommen zu werden."

Babaji streckte seine Hand aus und sogleich erschien ein von Früchten und Blumen umrahmtes Homa-(Opfer)Feuer. Vor diesem flammenden Altar empfing ich die befreiende Yoga-Technik.

Als der Morgen dämmerte, war die feierliche Handlung beendet. Ich befand mich in einem derart ekstatischen Zustand, dass ich kein Verlangen nach Schlaf verspürte; und so schritt ich durch die mit auserlesenen Kunstschätzen angefüllten Räume des Schlosses und wanderte dann durch die Gärten. Dabei bemerkte ich in der Nähe die Höhlen und kahlen Felsenklippen, die gestern noch nicht an ein großes Gebäude mit blumigen Terrassen gegrenzt hatten. Schließlich kehrte ich in den Palast zurück, der wie ein Märchengebilde in der kalten Himalajasonne glänzte und suchte meinen Meister auf. Er saß noch immer auf seinem Thron, umgeben von vielen schweigenden Jüngern.

"Lahiri, bist du hungrig?", sagte Babaji. "Schließe die Augen."

Als ich sie kurz darauf wieder öffnete, war der zauberhafte Palast mitsamt seinen Gärten verschwunden. Mein eigener Körper sowie die Körper Babaji und seiner Jünger saßen nun auf kahlem Boden, und zwar an derselben Stelle, wo der entschwundene Palast gestanden hatte – nicht weit von den sonnenbeschienenen Höhleneingängen entfernt. "

*

Thomas Ritter sagt in seinem Internetartikel, dass sogar aus dem alten Russland Berichte bekannt sind, nach denen man nur den Weg der Tatarenhorden in die Mongolei zurückverfolgen müsse, um zum sagenhaften Tempel zu gelangen. Dort leben heilige Menschen, getrennt vom Rest der Welt. Den Bewohnern (Brüdern) dieser „Reiche" wurde ebenso wie den Meistern von Shamballa neben einem hohen moralischen und gesellschaftlichen Entwicklungsniveau sowie einer damit verbundenen außergewöhnliche spirituelle Reife nachgerühmt.

Zu allen Zeiten hat es Menschen gegeben, denen es vergönnt war, in dieses verborgene Reich vorzudringen. Zu den bekanntesten Forschern, denen dieser Schritt gelang, soll laut Thomas Ritter zum Beispiel Nicholas Roerich zählen, ein begnadeter russischer Maler, Philosoph und unermüdlicher Arbeiter für einen wahrhaft weltumspannenden Frieden. Ebenso seine Frau Helena – ein Medium für den Rishi oder Meister Morya – sowie ihr gemeinsamer Sohn George, der später Professor an der renommierten Yale-Universität wurde. Sie unternahmen in den Jahren 1925 bis 1928 angeblich eine großangelegte Expedition durch Indien, China und die Mongolei bis zu den Grenzen von Tibet. Als Ergebnis dieser Reise veröffentlichten die Roerichs mehrere Bücher – eines trug den Namen „Shamballa".

Für Nicholas Roerich war Shamballa das Symbol des kommenden Weltfriedens und der Aufklärung. Alles, was er auf seiner Expedition in Indien, China und der Mongolei aus erster Hand lernte, integrierte er in seine eigene Weltanschauung. Über das Ziel seiner Suche notierte Roerich in seinem Reisetagebuch: *„Shamballa selbst ist der heilige Ort, an dem sich die irdische Welt mit den höchsten Bewusstseinszuständen verbindet. Im Osten weiß man, dass es zwei Shamballas gibt – ein irdisches und ein unsichtbares (In Wahrheit sind beide eins. Der Autor). Es ist viel über den Ort des irdischen Shamballa spekuliert worden. Gewisse Anzeichen verlegen diesen Ort in den extremen Norden, indem sie erklären, dass die Strahlen der Aurora Borealis die Strahlen des unsichtbaren Shamballa sind. Dies ist so jedoch nicht zutreffend. Das irdische Shamballa liegt nur* *von Indien aus gesehen nördlich. Daher ist es im Himalaja, im Pamir und Turkestan oder der zentralen Gobi zu suchen."*

Jedoch wird bezweifelt, dass der Forscher Roerich, welcher in St. Petersburg zum ersten Mal von Shamballa gehört hatte, wirklich Shamballa sah, da er seine Werke – 7000 Gemälde – mit seinem spirituellen Idol versah und ihnen einen messianischen Charakter gab. Der Gipfel ist, dass er angeblich den heiligen Gral nach Shamballa zurück bringen musste. (Zum Geheimnis des Grals siehe „Das Leben des Franz Bardon", insbesondere den Anhang! Der Autor). Auch seine Frau bekam angeblich mediale Informationen von Meister Morya, einem Mahatma der Madame Blavatsky. So erübrigt sich jeder weitere Kommentar.

Sinnvoller fährt der Autor des Artikels fort, dass eine besonders beeindruckende, äußerst umfangreiche Klosterbibliothek existiert. Dort wird neben tausenden anderen Manuskripten auch eine Handschrift des Tashi-Lamas Pal-den-ye-she verwahrt, die den Titel „Der Weg nach Shamballa" trägt. Die Beschreibungen des Weges nach Shamballa sind vieldeutig und seine genaue Lage ist auf keiner Landkarte verzeichnet. Aber Shamballa dürfte am ehesten auf der tibetischen Seite des Himalaja zu finden sein. Doch das Wichtigste ist, dass der Suchende über die notwendige geistige Vorbereitung und Reife verfügen muss!

Auch eine ZDF-Expedition brach auf, um den goldenen Tempel zu finden. Bruno Baumann berichtet hierüber, dass verschiedene Reiseführer gefährliche Routen zum Ziel beschreiben. Er sagt über den „Shamballa-Reiseführer": *„Der berühmteste dieser „Wegeführer" wurde vom dritten Panchen Lama Tibets verfasst. Alle diese Berichte ähneln sich. So beginnen die Reisen stets an irgendeinem bekannten Ort, der sich geographisch lokalisieren lässt, doch je weiter sich die Reisenden Shamballa nähern, desto spärlicher werden die Angaben, und die Beschreibungen nehmen die archetypischen Züge von Seelenreisen an. Da gilt es phantastische Landschaften zu durchqueren, die von mythischen Wesen bewohnt sind, und immer wieder tun sich neue Hürden auf. Dämonen verbreiten Angst und Schrecken, gefährliche Abgründe und Stürme drohen den Reisenden vom rechten Weg abzubringen. Zum Schluss baut sich noch ein schier unüberwindliches Hindernis auf, „ein Wall von eis- und schneebedeckten Bergen, die nicht einmal ein Adler überfliegen kann. – Zwischen den Ketten der Schneeberge leuchten sie auf wie die Sterne auf den Wogen der Milchstraße. Ihr bloßer Anblick nimmt alle Unwissenheit vom Geist und macht vollkommen glücklich."*

Auf alten tibetischen Rollbildern erscheint Shamballa als ein von zwei Ringgebirgen umgebenes Land. Im Zentrum befindet sich ein mit Gold und Edelsteinen besetzter glänzender Palast, in dem eine Dynastie erleuchteter Könige regiert. Der Bereich zwischen den beiden Gebirgsringen gleicht einem achtblättrigen Lotos und steht für die verschiedenen Fürstentümer, in die das Land unterteilt ist.

Im buddhistischen Schrifttum ist die Überlieferung von Shamballa in das Kalachakra-Tantra eingewoben. Dieses komplexe Lehr- und Einweihungssystem gehört zu den wichtigsten kanonischen Texten, die der Buddhismus tibetischer Prägung kennt und fand Eingang in den Tanjur, ein 108-bändiges Werk, in dem Buddhas Lehren in tibetischer Sprache zusammengefasst sind. Dabei gilt Shamballa nicht nur als der Ort, an dem das Kalachakra überliefert wurde, sondern es ist zugleich das Ziel der Einweihung. Durch die Kalachakra-Initiation erhofft sich der Gläubige eine Wiedergeburt in Shamballa.

In der mit Shamballa verknüpften Prophezeiung heißt es, dass im Jahre 2327 nach dem Kalachakra-Kalender der 25. König von Shamballa – Rudra Chakrin, der Zornvolle mit dem Eisenrad – den Thron besteigen und im Jahre 2425, dem 98. Jahr seiner Regentschaft, er in einem Feldzug die Feinde des Buddhismus endgültig besiegen wird, so dass das Goldene Zeitalter anbrechen kann.

Nach der Bön-Religion gibt es noch eine Legende über das sogenannte „Silberschloss", welches mit Shangri-La gleichgesetzt wird. Doch von diesem existieren nur noch Ruinen. Kann es dann dasselbe sein?

4. Was die anderen (okkulten) Forscher sagen

Peryt Shou schreibt in seinem Buch „Kwa Non Seh" dass alljährlich am 14.2. das Fest von Shamballa in Tibet und im buddhistischen Indien gefeiert wird. Das stellt den größten Festtag der Buddhisten dar. Des Weiteren schreibt er, dass Shamballa die Stadt der Meister der gegenwärtigen arischen Rasse sei. Ein Kapitel in seinem Buch nennt er „Vor den Toren von Shamballa" wobei die Kapitelzeichnung dem Orginal-Akashafoto in einer Weise sehr ähnelt. Zwei Sphinxen hüten den Tempel, eine Löwen- und eine Widdersphinx. Also zwei Gegensätze: Löwe-Feuer und Widder (Lamm)-Wasser. Alles Weitere bezieht sich auf sein Buch und die darin enthaltenen Lehren und Übungen.

Was sagen die Ariosophen über den Tempel? An erster Stelle steht der Ritterroman „Parzifal", welcher einen Weg vom Narren zum Leidenschaft beherrschenden Magier aufzeigt. Der Ritter lernt seine Schwesternseele kennen, die ein Bestandteil des Weges ist. Er durchwandert verschiedene Stufen der Wandlung und kommt zur Gralsburg (Shamballa), wo er mit seiner Gemahlin über die Gralsritter herrscht. In einem Aufsatz der Fraternitas Saturni „Saturn-Gnosis 0" (S.19) steht dazu folgender Satz: *„Es ist müßig zu fragen, ob die Gralsburg auf dem Montsegur oder dem Montserrat gestanden hat, ob der Gral heute in den Pyrenäen oder in Tibet ist!"*

Illion Th. schreibt in seinem 2-teiligen Roman „Tibet" von einer geheimen Bruderschaft, die sich in einem verborgenen Tal befindet. Die Geschichte ist äußerst fiktiv und entspricht in keinster Weise den Tatsachen. Solche Aussagen gibt es leider sehr viele.

Im Buch „Begegnungen mit bemerkenswerten Menschen" von Gurdjieff schreibt er, dass im Orient die Legende vom goldenen Palast bekannt sei.

Leopold Engel beschreibt in seinem Buch „Das Tal der Glücklichen" das gleiche Thema wie Dr. Hartmann. Ich erwähne hiervon nur, dass die Geschichte nicht im Orient oder in den bayerischen Alpen spielt, sondern inmitten von Afrika. Die Hauptperson stieg durch das so genannte „Mondgebirge", bis sie eine Person traf, die sie auf geheimen Wegen durch das Innere der Berge bis an einen „biblischen Ort" brachte, der einen unbeschreiblichen Frieden ausstrahlte. Dort traf er genauso wie Dr. Hartmann auf einen Weisen, der ihn über die göttliche Wahrheit aufklärte. Diese Gespräche sind dermaßen schnulzig und schwül und ohne tieferen

Inhalt, so dass ich sie ohne weiteres überspringen kann.

Quintscher erwähnt ebenfalls den Tempel des Lichts in seinen „Archiven der geheimen Wissenschaft". Das Wissen darüber hat er von seinem ehemaligen Freund und Meister Musallam, welcher seine gesamte Lehre auf Bit en Nur – Haus des Lichts – bezieht. In seinem 5. Band der Reihe „Reisen und Abenteuer" beschrieb er die Reise dorthin, seinen Aufenthalt und Gespräche mit dem Obersten von „Nuristan".

Das Wissen darüber hat er sich nicht aus den Fingern gezogen, sondern das stammt in Wahrheit von Franz Bardon, welcher fälschlicher Weise immer als sein Schüler angesehen wurde. Musallam selbst wäre niemals in der Lage gewesen, diesen Tempel auch nur zu betreten. Der Grund liegt darin, dass Musallam nicht die nötige Ausgeglichenheit besaß. Man muss bedenken, dass ein Mann der wegen sexueller Delikte einige Jahre im Gefängnis saß, unmöglich den Standpunkt der „Reinheit" verstehen bzw. umsetzen konnte! Das Gleiche gilt für alle anderen Wege, welche nicht die universelle Mitte verfolgen. Einseitig geschulte „Heilige", die noch so lieblich und gut sind, könnten die Schwingung des Lichttempels nicht ertragen. Sogar die höchsten Dämonengottheiten wagen sich nicht an den Tempel, da dieses göttliche Licht sie davon abhält. Aber nun zurück zum eigentlichen Thema.

In der Kurzgeschichte „Das Tor am Leben" (Erdbruderschaft S.21) von Quintscher, führt selbiger ein Gespräch über Musallam mit seinem Freund, was ungefähr das Obige bestätigt: „Glaubst du, dass es ein Nuristan gibt und dass jene im Besitz der Geheimnisse sind, die wir brauchen? Ich behaupte, das jene nicht mehr wissen als ich und du."

Als ich ihm dies nun widerlegen wollte, erhielt ich die Antwort.

„Du wirst es mir später wieder sagen, dass es so ist, wie ich es dir heute sage. Die tun geheimnisvoll, gehen wie die Katzen um den heißen Brei herum. Hoffe nicht auf andere. Wir zwei müssen es selber schaffen und werden es schaffen. Unbedingt!"

Dass Musallam im Orient war, das belegen einige Fotos in seinen vorhergehenden Bänden 1-4. Jedoch im 5. Band kommen keine vor. Das lässt darauf schließen, dass er sich niemals in Nuristan – welches eine afghanische Provinz ist – befand. In jedem seiner Abenteuerromane stellt er den Helden dar. Sie ähneln stark denen seines Freundes und Vorbildes Karl May. So ist auch sein Verhalten in diesen Büchern.

Nun zu seinem Bericht. In seinem Roman wird Musallam vor der Überfahrt über einen See nach Nuristan gewarnt, da angeblich Nebel auftritt, der jede Überfahrt zunichte macht. Keiner der es je gewagt hatte, kam wieder! Das Wasser fängt an zu kochen, bildet Strudel, die alles mit sich ziehen. Doch Musallam wagte es dennoch. Wie vorhergesagt, tauchte aus unerklärlichen Gründen blauer Nebel auf, der weder feucht war noch die Eigenschaften von Rauch aufwies. Auch das Floß, mit dem sie den See überquerten, fuhr ohne Strömung oder Wind schneller. Alle Mitfahrer verschwanden im undurchdringlichen Nebel und selbst Musallam verlor das Bewusstsein.

Als er wieder erwachte, befand er sich in einem Zimmer in Nuristan. Ein Mann mit blauem Mantel – (Anspielung an die Blauen Mönche) – begrüßte ihn freundlichst und gab ihm Essen und Trinken. Auch Arya Manas, das Oberhaupt der Priester Nuristans, trug solch eine Tracht.

Er fragte nach Lust und Laune und bekam folgende Antworten: Bit en Nur – Shamballa – ist der Mittelpunkt der Welt. Die Bibliothek im Kloster ist die größte der Erde. Die Lichtkuppel des Bit Nur erhellt alles und man kann zu jeder Tages- und Nachtzeit ein Buch lesen.

Musallam sagt selber, dass der Palast das Urbild des Gralstempel darstellt! Er beschreibt ihn folgendermaßen: Er zerfällt in drei Teile; in einen Mittelbau mit Lichtkugel und zwei Flügel (siehe Originalbild im „Das Leben des Franz Bardon" oder „Im Lande Nuristan"). Der Mittelbau stellt den eigentlichen Tempel mit Bibliothek und Museum dar. Nördlicher Flügel ist das Kloster für die Priester, im südlichen Flügel residiert der Umir – Oberpriester. Das Heiligtum bildet die Suttha Satya, Quelle des ewigen Lichts, welches aus dem universellen Äther gewonnen wird.

Der Mittelbau war von achteckiger Gestalt, turmhoch, und hatte weder Fenster noch Türen. Die Flügel wiesen drei Stockwerke auf. Im Erdgeschoss befand sich eine Säulenhalle. Auf dem südlichen Flügel war ein kleiner Turm mit Sternwarte aufgesetzt. Einige Stufen führen nach oben, flankiert von Säulen eigenartigen Aussehens. An den oberen Enden waren Reliefs mit Symbolen angebracht. Das Tor war aus purem Gold. Hinter dem Tor war eine riesige Halle mit einer Freitreppe in die oberen Galerien. Was Musallams Interesse weckte, war der reiche architektonische Schmuck, der überall zu bemerken war. Die Wände, Säulen und Gewölbe waren bestückt mit wunderschönen Reliefarbeiten. In zahlreichen Nischen standen Meisterwerke der Bildhauerkunst aus Alabaster, die, so schien es, von selbst leuchteten. Die restliche Einrichtung war im orientalischen Stil gehalten.

In der Bibliothek werden sämtliche okkulte Werke aufbewahrt, Unika und verschollene Bücher wie die Theogonie des Phöniziers Sakkunjatan, Urtext des „Hohen Liedes" von Salomon usw. Dasselbe gilt für das Museum, wo die Artefakte mit Hilfe des Hellsehens eruiert werden. So unter anderem der Dolch des Mongolen Fürsten mit den 12 Edelsteinen des Brustschildes der jüdischen Priester wie es bei Moses Buch 2 Kap. 28 beschrieben ist. Auch die eherne Schlage „Mahuschtan" des Moses, welche die Schlangen in der Wüste unschädlich machte.

Im weiteren Verlauf wird er in die Philosophie der symbolischen Religion des Adonismus eingeführt, welche leider von so vielen falsch verstanden wurde.

Viele mögen sich fragen, wie ich dazu komme, zu behaupten, dass Bit En Nur Shamballa sei. Der Beweis dafür liefert der nächste Absatz.

Dr. Franz Sättler, der die Zeitschrift „Dido" in den 20ern heraus brachte, schreibt wie Dr. Lomer – siehe unten – in seiner Zeitschrift den Artikel von Dr. Lja Tsin unter dem Namen „Das Bit Nur entdeckt?" in dem es hieß, dass der „Tempel des Lebens" gefunden wurde. „Jenes uralte, irgendwo in Zentralasien verborgene Heiligtum, in dessen Einsamkeit die Bettlerphilosophen aller Rassen und Glaubensbekenntnisse Zuflucht gefunden haben."

Mit eigenen Worten gibt Musallam auf Seite 103 nun folgendes bekannt: *„Soweit Dr. Lja Tsin's Bericht, in welchem die Leser unserer adonistischen Bücher gewisse Anklänge an die Beschreibung des Bit Nur im Lande Nuristan herausfinden werden. Ziehen wir nun in Betracht, dass zweifellos auch der chinesische Forscher vor seiner Abreise aus dem Heiligtum verpflichtet wurde, seine Darstellung soweit von der Wahrheit entfernt zu halten, dass danach niemand den Ort aufzufinden vermöge, so erklären sich auch die auffälligen Abweichungen. Es kann also wohl sein, dass Dr. Lja Tsin's „Tempel des Lebens" mit Dr. Musallam's „Haus des Lichts" (Bit Nur) identisch ist und der Bericht des chinesischen Forschers demzufolge eine neue Bestätigung für die vielfach angezweifelte Existenz des ältesten Heiligtums der Menschheit im fernen Osten bildet."*

Auch K.O.Schmidt erwähnt in der hermetischen Zeitschrift „Die Weiße Fahne" in dem Aufsatz „Welten-Bruderschaft" (S. 42/1926) einen Tempel, indem sich die Weisen der Welt trafen. Ich gebe einen Auszug wieder und verweise gleichzeitig auf den Untertitel des Artikels:

Eine Vision!

„Eine seltsame Versammlung ernster, schweigender Männer war in dem einsamen Tal von Dangma-dschong zusammengekommen, kaum vermochte der alte Tempel sie alle zu fassen. Alle Rassen schienen vertreten: Schwarze, Gelbe, Weiße, Braune; zielbewusste Amerikaner mit straffen Zügen, intelligente europäische Köpfe, unendliche Ruhe und Geisteskraft atmende Inder, stille kluge Männer aus Nippon, dem Lande der aufgehenden Sonne . . . alle folgend dem Rufe des alten Lama's.

Schweigend nahmen sie, nachdem sie als Zeichen des Grußes einander tief in die Augen geschaut, den Platz ein, der ihnen flüsternd angewiesen wurde, dem einen hier, dem anderen dort; die Augen gerichtet auf den noch leeren Raum vor dem großen Standbild des Erhabenen. Plötzlich, keiner wusste, woher er gekommen und wie, stand unter ihnen der alte, erwürdige Lama, uralt und doch jugendfrisch, Abbild des allen Zeiten trotzenden Tempels. Seine großen, unendliche Milde und Güte ausstrahlenden Augen waren auf die Freunde gerichtet, an die er seinen Ruf gesandt. Das Raunen, das bei seinem plötzlichen Erscheinen durch die Versammelten ging, erstarb, es wurde still.

Die Augen des großen Buddha begannen zu leuchten. Der Lama sprach Segen und Gruß. Nachdem er so seine Seele dem Erhabenen geweiht, wandte er von Neuem die Augen auf seine Freunde: „Meine lieben, lieben Schüler und Brüder", begann er langsam, mit bewegter Stimme. „Ich habe euch gerufen, weil es Zeit ist . . . Ihr alle ahntet oder wusstet, dass diese Zeit kommen würde, habt ihr euch doch dem Menschendienst geweiht, der Bruderschaft verpflichtet."

„Brüder: Als Buddha, der Erhabene, ins Paranirvana, ins höchste Sein einging und all die Suchenden ihn verloren wähnten, als Christus am Kreuze hing und alles Gute zu sterben schien, da hatte die erlösungssehnende Menschheit allen Mut und alle Hoffnung verloren. Und ein Klagen ging durch die Welt: „Was sollen wir jetzt beginnen?" Und dennoch, wurde nicht jedes mal aus dem scheinbaren Sterben ein neuer, die Menschheit neue, gewaltigere Wege führender Geist geboren, ein Geist, der den Menschen die Kraft gab, den Himmel in sich zu verwirklichen und den Mut, für das neue Reich zu wirken . . .?"

*

Auch Bardons Freund, Dr. Georg Lomer, veröffentlichte, wie oben bereits erwähnt, in seiner Zeitschrift „Zum Licht" (S.241-44/1925), die er später in

31

die hermetisch-völkische „Asgard – Kampfblatt der Götter für die Heimat" umwandelte, einen Artikel mit dem Titel:

„Der Tempel des Lebens"

den ich hier wortgetreu wieder geben will: *„Durch die Presse geht eine seltsame Nachricht, die alte Überlieferungen des Ostens wieder lebendig werden lässt und auch uns Westländer, die seit jeher so viel Licht aus dem Osten empfingen, aufhorchen macht. Vor mir liegt ein Ausschnitt des „Hannoverschen Anzeigers" vom 20. September, in dem Harry v. Hafferberg unter Bezugnahme auf einen Bericht der „Shanghai Times" die Auffindung jenes sagenhaften „Tempel des Lebens" mitteilt, in dessen Einsamkeit seit langem die Bettler-Philosophen aller Rassen und Glaubensbekenntnisse Zuflucht suchten, der aber bisher noch von keinem Reisenden aufgefunden worden ist, ja, dessen ungefähre Lage man nicht einmal kannte. Grund genug, alle diese Erzählungen für ein Märchen zu halten, entsprungen der phantasievollen Erfindung östlicher Völker.*
Dem chinesischen Geschichts- und Altertumsforscher Dr. Lia Zsin soll es nun also gelungen sein, unanfechtbare Beweise für die wirkliche Existenz jenes Tempelgebietes zu erbringen. Er will ihn mit eigenen Augen gesehen haben, indem er mehrere Wochen als Gast der Mönch-Philosophen in diesem Heiligtum geweilt hat.
Folgen wir seinem Berichte, so befindet sich der Tempel in einem der unwegsamsten Teile des chinesischen Tibet. Dr. Lia Zsin musste, um hinzugelangen, unter außerordentlichen Schwierigkeiten die Wüste Gobi durchqueren und sich durch Lehm- und Kiessteppen den Weg bahnen. Schließlich gelangte er auf ein Plateau, von dem aus er zu seiner Überraschung in ein Tal blickte, das, durch Wärme und Fruchtbarkeit ausgezeichnet, einen seltsamen Gegensatz zu den schneebedeckten unfruchtbaren Berg bildete, auf dem er stand.
„Wir bemerkten", so heißt es weiter, „in dieser Ebene zahlreiche Steingebäude, deren Baustil unsere Verwunderung erregte. Auf der einen Seite der Ebene gewährten wir eine Anzahl hochragender Gebäude von majestätischer Schönheit, die – wie wir nachher erfuhren – in ihrer Mitte den „Tempel des Lebens" bargen. Der Ursprung dieser Gebäude und des aus schwarzen Basalt und grauen Granit ausgeführten Tempels verliert sich im frühesten Altertum. Es ist kaum möglich festzustellen, wer sie erbaut hat und in welchem Zeitalter dies erfolgt ist. Jedenfalls sind sie älter

als die chinesische Mauer, älter als die ältesten Pagoden Indiens, älter sogar als die ägyptischen Pyramiden."

Den Grund, dass vom Dasein dieses Tempels keine sichere Kunde in die zivilisierte Welt gedrungen war, sieht Dr. Lia Zsin erstens in der völlig abgeschlossenen Lage des Tempels inmitten eines kalten unwegsamen Landes, weit entfernt von jeder menschlichen Behausung, zweitens in der Tatsache, dass alle Mönche, die sich im Laufe der Zeiten freiwillig in diese Einsamkeit verbannten, gleichzeitig absolutes Schweigen gelobten, weil sie nur auf diese Weise sich völlig von der Außenwelt abschließen zu können glaubten.

„So kam es", erzählt der Forscher „dass die Existenz des Tempels ein völliges Geheimnis blieb. Reisende, die ihn zufällig entdeckten, blieben entweder für den Rest des Lebens dort oder starben auf dem Rückweg in die zivilisierte Welt vor Hunger und Entbehrungen, während die wenigen Menschen, denen es gelang lebend zurückzukehren, unzweifelhaft geschworen haben, nichts von dem zu verraten, was sie gesehen und gehört hatten."

Dr. Lia Zsin wäre es vielleicht auch nicht geglückt, den Tempel aufzufinden, wenn ihn nicht ein Pilger aus Nepal, dem er unterwegs das Leben gerettet hatte, zum Dank in das beschriebene Tal geführt hätte.

Zum Tempel des Lebens führt eine glatte, gut gepflasterte Straße. Auf dieser Straße, berichtet Dr. Zsin, gelangten wir in das Tal, das vermöge seltsamer klimatischer Verhältnisse in mitten von Frösten und Schneestürmen, die zehn und mehr Monate in diesem rauhen Lande ihr Szepter schwingen, vollkommen bewohnbar ist. Als mir schließlich der Eintritt in den Tempel gestattet wurde, gelang es mir, die Hieroglyphen zu entziffern, die in den Mauern jener düstern Hallen eingegraben sind.

Zu den frühesten Bewohnern des Tempels müssen augenscheinlich Chaldäer, Inder und Chinesen gehört haben. In dem Maße jedoch, wie im Laufe der Zeit Gerüchte über den Tempel in alle Weltgegenden drangen, müssen sich auch die Mystiker anderer Rassen und Religionen allmählich dort eingefunden haben. Zur Zeit der Anwesenheit des Dr. L.Z. im Tempel befanden sich dort etwa 200 Mönche, die sich als Mystiker bezeichneten. Unter ihnen bemerkte der Reisende Vertreter von 20 verschiedenen Nationen und Glaubenslehren. Meist waren es Tibeter, Inder und Chinesen. Doch gab es auch einige Perser, Russen und sogar je einen Deutschen und Amerikaner, aber keine anderen Europäer.

Der Tempel und das ihn umgebende Dörfchen sind ausschließlich von

Männern bewohnt, noch nie war einer Frau der Zutritt zum Tempel gestattet. Die Männer die hier ihre Zuflucht suchten, müssen einen Eid ablegen, ihren Angehörigen und Freunden in der Außenwelt nie mehr ein Lebenszeichen von sich zu geben und nie mehr mit der Außenwelt irgendwie in Verbindung zu treten. Zwischen Tempel und Außenwelt gibt es keinen Verkehr. Die Ebene ist von der äußern Welt abgeschlossen, ja vollkommen losgelöst, sie ist eine Welt für sich, wo es nichts gibt, was die Denker von ihren Bestrebungen, die Probleme des Daseins zu ergründen, ablenken könnte.

In einem der Heiligtümer des Tempels gelang es mir eine der merkwürdigsten Reliquien in Augenschein zu nehmen: Die Mumie (dazu siehe weiter unten. Der Autor) eines dort vor 350 Jahren verstorbenen Weisen, gekleidet in tibetische Nationaltracht. Sie saß in einem Sessel, mehr einem Schlafenden als einem vor Jahrhunderten Verstorbenen ähnlich. Vor ihm auf dem Tisch lag ein unvollendetes Manuskript, an dem er zu Lebzeiten gearbeitet hatte. Der Körper war, obwohl ausgetrocknet, dennoch außerordentlich gut erhalten. Die mystische Atmosphäre des Tempels hatte bereits Legenden um den Körper dieses toten Weisen gesponnen. Unter anderem versicherte man mir, dass der Körper sich seit seinem Tode mehrmals bewegt habe und einmal auf drei Tage sogar gänzlich verschwunden sei. Einst, als die Wache den Raum betrat, fanden sie das Manuskript zu Ende geführt auf dem Tische liegen. Der Schluss desselben war eine Prophezeiung über die nächsten Weltereignisse.

Die Bevölkerung des Tals ist vom übrigen Tibet völlig unabhängig. Kleidung und Nahrung sind Früchte eigener Arbeit. Fleischspeisen gibt es nicht, der Speisezettel besteht ausschließlich aus Honig, Hülsenfrüchten, Gemüse und Obst. Auch die Einrichtung des Geldes ist hier unbekannt. Die heiligsten Schätze des Tempels sind die Handschriften der Tempelbücherei und eine große Anzahl Karten und Instrumente zum Studium der Astronomie, Astrologie und anderer Wissenschaften.

Seine Wärme und Fruchtbarkeit verdankt das herrliche Tal den dort im Überfluss vorhandenen warmen Quellen, durch welche die Temperatur im Tale um vieles höher ist, als die der umgebenden Wüste. Der Boden ist sehr fruchtbar und imstande, eine größere Bevölkerung zu ernähren.

Wie der Reisende weiter berichtet, durfte er im Tale drei Monate verweilen. Als er sich zur Rückreise anschickte, wurde ihm erklärt, er dürfe in der anderen Welt über alles reden, was er im Tempel gesehen und gehört habe, doch nur unter der Bedingung, dass er über die okkulten Theorien, um deren Ausarbeitung die Weisen sich mühten, nichts verlauten lasse. Diese Bedingung wurde nicht grundlos gestellt; denn Dr. L.Z. teilte zum Schluss mit, dass die Adepten des Tempels die Fähigkeit des Hellsehens, der Telepathie und anderer magischer Künste in so hohem Grade besäßen, wie er es vorher kaum für möglich gehalten habe. Sie seien z. B. imstande, „durch die Luft zu fliegen" und selbst völlig aus dem Gesichtskreis der Zuschauer zu verschwinden. In diesen unfassbaren Fähigkeiten liege keine Spur von Scharlatanerie, sie seien vielmehr ausschließlich das Ergebnis der außerordentlichen Geistesbeherrschung dieser Mönche, sowie einer enormen Willenskraft, die ihnen auch die Möglichkeit gäbe, andere zu beherrschen und unter ihren Willen zu zwingen.

Die Bewohner des Tempels leben außergewöhnlich lange. Dr. L.Z. behauptete, dort einen Menschen gesehen zu haben, der über 200 Jahre alt gewesen sei, dem Äußeren nach aber einem Manne von kaum 70-80 Jahren geglichen habe.

Soweit der – ja zweifellos hochinteressante – Bericht der „Shangai Times"!"

5. Filme

Es wurden auch zwei Filme über Shamballa gedreht. Einer davon mit der bekannten Schauspielerin Milla Jovovich und heißt:

„Das Geheimnis der unsichtbaren Stadt"

Kurz der Inhalt: Eine legendäre unsichtbare Stadt im Himalaja schickt in jeder Generation einen jungen Prinzen aus, der sich während eines Monats in der Welt behaupten muss. Nur zu seiner Rückkehr wird die Stadt kurz sichtbar; verspätet er sich, muss er sterben. Der neue Prinz Johar macht seine Erfahrungen in Katmandu und wird bald von neugierigen Wissenschaftlern sowie der verliebten Tochter eines Archäologie Professors verfolgt. Am Schluss sieht man ganz kurz, wie sich der goldene Palast materialisiert, den Prinzen aufnimmt und verschwindet. Interessant ist, dass in den echten Chroniken von Nepal die Geschichte der Unsichtbaren Stadt verzeichnet ist!

Der zweite Film lautet:

„In den Fesseln von Shangri La"

und wurde nach dem Roman von Hilton „Irgendwo in Tibet" verfilmt und in den 30ern gedreht und war damals ein Kassenschlager. Eine Beschreibung des Tempels aus dem obigen amerikanischen Roman „Lost Horizon" lautet: „Es war wahrhaftig ein seltsamer, fast unglaublicher Anblick. Eine Gruppe bunt bemalter Pavillons klammerte sich an den Berghang . . . wie Blumenblätter, die sich an einem Felszacken verfangen haben. Herrlich und unvergleichlich. Eine erhabene Empfindung trug den Blick aufwärts von milchblauen Dächern zu der grauen Bastion darüber . . . Und darüber wieder – eine blendende Pyramide – erhoben sich die Schneeflanken der Berge".
Der Roman basiert vielmehr auf Legenden von einem verborgenen Paradies, die im fernen Osten wohlbekannt sind. In frühen buddhistischen Schriften taucht dieser Ort unter dem Namen „Chang Shambhala" auf und wird als Quelle antiker Weisheit beschrieben. Das Wissen um seine Existenz war einstmals in Asien weit verbreitet. Aus China ist eine Legende

überliefert, dass es im Kunlun-Gebirge ein Tal geben soll, wo Unsterbliche in nicht gekannter Harmonie lebten. Indische Legenden berichten von Kalapa, einem Ort, an dem vollkommene Menschen zu Hause sein sollen.

Nun kurz zum Inhalt des Films: Mit seinem Bruder George, der kranken Prostituierten Gloria, dem Betrüger Henry und dem Wissenschaftler Alexander kann der Brite Robert dem Bürgerkrieg in China mit dem Flugzeug entfliehen. Doch der Kurs des Flugzeuges bringt sie in den Himalaja. Der Flieger macht eine Bruchlandung. Der Chinese Chang führt die Gruppe mühsam durch die Berge. Sie erreichen durch einen schmalen Spalt ein sonniges und idyllisches Tal. Bald kommen sie hinter das Geheimnis: Keine Krankheiten, langsame Alterung, kein Hass, keine Verbrechen, nur Glück und Frieden. Ihre Religion ist die universelle Mäßigung in Allem.

Robert verliebt sich in Sondra und lernt den Hohen Lama kennen. Er findet heraus, dass der Lama der verschollene Missionar Perrault und damit 250 Jahre alt sein muss. Er erfährt zudem, dass Sondra eine Entführung des Flugzeuges vorgeschlagen hat, damit Robert die Stelle des alten Lamas einnehmen kann. Robert erklärt sich einverstanden, doch George will zusammen mit seinem Bruder und der jungen Maria fliehen und zurückkehren. Robert begleitet die beiden auf ihrer Flucht. Maria wird außerhalb des Tals schlagartig zur Greisin und stirbt, George verunglückt tödlich. Robert erreicht die Zivilisation und wird in einem Hospital gepflegt. Wiederhergestellt, flüchtet er und gelangt unter abenteuerlichen Umständen zurück nach Shangri-La.

6. Die Theosophen

Die erste Person, die im Westen den Begriff des Shamballa populär machte, war H.P. Blavatsky. In ihrer gesamten „Geheimlehre" gibt sie an verschiedenen Stellen unzusammenhängende Informationen, aus denen man nicht schlau werden kann. Sie sagt jedoch selbst, dass einige weitere Erklärungen, wenn sie auch nur bruchstückweise hingeworfen sind, dem Schüler behilflich sein mögen, (nur) einen kleinen Einblick in das vorliegende Geheimnis zu erlangen.

An anderer Stelle schreibt sie (G.B.2 S.230): *„Die Überlieferung sagt, und die Aufzeichnungen des Großen Buches erklären, dass lange vor den Tagen des Ad-am und seines neugierigen Weibes Heva dort, wo jetzt nur Salzseen und trostlose kahle Wüsten zu finden sind, sich ein weites Binnenmeer befand, welches sich über Mittelasien ausbreitete, nördlich der stolzen Himalajakette und ihrer westlichen Fortsetzung. Eine Insel darin, welche in ihrer beispiellosen Schönheit ihresgleichen in der Welt nicht hatte, wurde von den letzten Vertretern der Rasse, welche der unseren voran ging, bewohnt."*

„Diese Insel existiert, wie geglaubt wird, bis zur gegenwärtigen Stunde als Oase, umgeben von der schrecklichen Wildnis der großen Wüste Gobi." (G.B.2 S.231)

„Die Hierophanten aller Priesterklassen wussten vom Dasein dieser Insel." (G.B.2 S.231)

„Alle Avatare des Vischnu sollen ursprünglich von der „weißen Insel" gekommen sein". . . *„denn sie ist das ewige Land."* (G.B.2 S.426)

„Ihre Auserwählten hatten Zuflucht auf der Heiligen Insel (jetzt dem „fabelhaften" Shamballa in der Wüste Gobi) gefunden" (G.B.2 S333)

„Haben sie nicht die einstmalige Existenz aufgezeichnet von der heiligen Insel jenseits der Sonne, Tcheou, hinter der die Lande der unsterblichen Menschen gelegen waren? Glauben sie nicht noch immer, dass die letzten jener unsterblichen Menschen – welche überlebten, als die weiße Insel schwarz vor Sünde wurde und zu Grunde ging (Atlantis) – Zuflucht gefunden haben in der großen Wüste Gobi, wo sie noch immer wohnen, unsichtbar für alle und vor Annäherung durch eine Schar von Geistern geschützt?" (G.B.2 S 388)

„Die Geheimlehre lehrt jedoch, dass er – Aryasanga – aus Dejung oder Shamballa kam, der die Quelle der Seligkeit (erlangte Weisheit) genannt

und von einigen Orientalisten für einen „fabelhaften" Ort erklärt wird."
(G.B. S.431)

Auch Shankara, erklärt H.P.B., wohne als eine *„geheimnisvolle, unsichtbare, aber überwältigende Gegenwart unter der Bruderschaft von Shamballa, jenseits, weit jenseits des schneebedeckten Himalajas."* (G.B.3 S.385)

Manchmal spricht sie von den „Göttersöhnen der Insel" und meint damit die Magier aus Shamballa, die Blauen Mönche, aber viel mehr verrät sie nicht!

„ . . . ; und ein dritter Krieg wird erwähnt, der am Ende der vierten Rasse zwischen den Adepten derselben und denen der fünften Rasse stattgefunden haben soll; das heißt, zwischen den Initiierten der „Heiligen Insel" (=Shamballa) und den Zauberern (=leidenschaftlichen Menschen) der Atlantis." (G.B.1 S. 452)

„Die Iraner haben eine Bezugnahme auf die späteren Atlanter in Yasna 9.15. Die Überlieferung behauptet, dass die „Söhne Gottes" oder die großen Initiierten der heiligen Insel die Flut dazu benutzten, um die Erde von allen Zauberern (siehe oben) unter den Atlantern zu befreien." (G.B. S. 816)

„Bloß die Handvoll jener Auserwählten, deren göttliche Unterweiser gegangen waren, jene „heilige Insel" zu bewohnen – woher der letzte Heiland kommen wird – hielt die Menschheit davon ab, dass ihre eine Hälfte zu Ausrottern der anderen wurde." (G.B. S. 365)

Blavatsky spricht immer davon, dass das gesamte Wissen und die Weisheit aus dem Osten käme. Damit meint sie nicht Indien oder Tibet, sondern den Goldenen Tempel des Lichts, auch Lagavama genannt! Auch ihre Meister haben ihren Sitz in diesem Tempel. Dazu sagt sie in der „Isis Entschleiert", dass sämtliche Gesetze, Künste und sozialen Einrichtungen aus dieser alten „Einweihungsstätte" der Priester stammen – der Adepten aller Länder – wo wir den Schlüssel zu den großen Mysterien der Menschheit suchen müssen. Und wenn wir unterschiedslos „Indien" sagen, so verstehen wir darunter nicht das heutige Indien, sondern das der archaischen Periode. Zu dieser uralten Zeit wurden Länder, die wir heute unter ganz anderem Namen kennen, Indien genannt. Da gab es ein Ober-, ein Unter- und ein Westindien, das heutige Persisch-Iran. Die Länder, die heute Tibet, Mongolei und auch die große Tatarei heißen, wurden von den alten Schriftstellern auch noch zu Indien gehörig betrachtet. Wir wollen nun eine Legende erzählen, die sich auf alle diese Orte bezieht, wo einst die Wiege der Menschheit stand, eine Tatsache, die die Wissenschaft heute bestätigt.

Die Überlieferung sagt, dass es ein Eiland gab, das an unvergleichlicher Schönheit nicht seinesgleichen in der Welt hatte. Es war bewohnt von den Überbleibseln der Rasse, die der unseren voran ging. Diese Rasse konnte mit Leichtigkeit in Wasser, Luft oder Feuer leben, denn sie besaß unbegrenzte Herrschaft über die (4) Elemente. Das waren die Söhne Gottes = Brüder des Lichts! Nicht die, die Töchter der Menschen sahen(?), sondern die wirklichen Elohim, obgleich sie in der orientalischen Kabbala einen anderen Namen haben. Es waren die, die die verborgensten Geheimnisse der Natur den Menschen mitteilten und ihnen das jetzt verlorene, unaussprechliche „Wort" – siehe die „Quabbalah" von Franz Bardon – enthüllten.

Angeblich sollen verschiedene Kollegien in ganz Indien durch unterirdische Gänge mit der „heiligen Insel" verbunden sein. Ist das nicht eine Metapher, die aber dennoch ihren symbolischen Wert hat?

In Band III ihrer Geheimlehre steht folgendes, welches ich am besten zitiere: *„Aber wenn es auch bei den Vorvätern der ursprünglichen Hindus entstand, so war es doch nicht Indien, wo es zuerst benutzt wurde. Sein Ursprung ist noch älter und muss bis über und in den Himaleh (=Himalaja), dem Schneegebirge, verfolgt werden. Es war in der geheimen Örtlichkeit verborgen, die niemand festzustellen im Stande ist, und die die Verzweiflung sowohl der Geographen, als auch der christlichen Theologen bildet – in der Gegend, wohin der Brahmane seinen Kailasa verlegt, den Berg Sumeru und den Parvati Pamir, der von den Griechen in Paropamisos umgewandelt wurde."* (S. 94)

In einer Anmerkung zu dem eben Gesagten schreibt sie, dass das deutsche Wort Himmel von Himalaea sich herleitet, ebenso dass das Wort Kailasa der Vater des griechischen Himmels Kollon und des lateinischen Coelum ist.

„Rund um diese Örtlichkeit (dem goldenen Tempel) die noch existiert, wurden die Überlieferungen vom **Garten Eden** *aufgebaut. Von diesen Gegenden her erhielten die Griechen ihren Parnas (mythologischer Berg) und von dort gingen die meisten biblischen Persönlichkeiten aus, einige von ihnen zu ihrer Zeit Menschen, einige Halbgötter oder Heroen, einige obwohl nur sehr wenige – Mythen, die astronomischen Doppelgänger der ersteren."* (G.B. S.94)

„Denn dort ist seit unvordenklicher Zeit die ausschließliche Hoffnung und das Licht der Welt, die Erlösung der Menschheit verborgen. Zahlreich sind

die Namen jener Schule und jenes Landes, und der Name des letzteren wird jetzt von den Orientalisten als der mystische Name einer fabelhaften Gegend betrachtet. Nichts desto weniger erwartet aus jenem geheimnisvollen Lande der Hindu seinen Kalki Avatar, der Buddhist seinen Maitreja, der Parsi seinen Sosiosch und der Jude seinen Messiach und so würde der Christ von dort her seinen Christus erwarten, wenn er nur davon wüsste."
(G.B. S. 417)

Jedoch alles, was unsere Geographen nicht kennen, scheint eine nicht existierende Örtlichkeit zu sein. In einem Buch über Buddhismus in Tibet steht geschrieben, dass die Magie und Mystik, so wird berichtet, in dem sagenhaften Lande Shamballa entstanden sei. Der ungarische Forscher Csoma setzt diese Gegend nach sorgfältiger Untersuchung jenseits des Flusses Sir Daria (oder Yaxartes) zwischen 45 und 50 Grad nördlicher Breite. Selbst der schwedische Eingeweihte Swedenborg behauptet, dass man nach dem verlorengegangenen Wort in China suchen müsste, „vielleicht möget ihr es in der großen Tartarei finden!", die wiederum zur Wüste Gobi gehört.

Über gewisse Behauptungen zu den Büchern von Kiu-te macht sich der Mönch Della Penna lustig. Unter anderem über den „160.000 Meilen hohen, großen Berg in der Himalaja-Kette" und bringt diese Kenntnis an die christliche Öffentlichkeit. *„Nach ihrem Gesetz ist im Westen dieser Welt eine ewige Welt, ein Paradies und darin ein Heiliger mit Namen Hopamah, was der Heilige des Glanzes und Unendlichen Lichtes bedeutet. Dieser Heilige hat viele Schüler, deren Name bedeutet: „Die Geister derer, die sich infolge ihrer Vollkommenheit nicht darum kümmern, Heilige zu werden" und die Körperschaften der wiedergeborenen Lamas schulen und unterrichten . . . so dass sie den Lebenden helfen können. Das bedeutet, dass man annehmen muss, dass sie lebende Bodhisattvas sind, von denen einige bekannt sind als „Die Brüder"* (des Lichts. Der Autor)." (G.B.3 S. 405)

Was jedoch den 160.000 Meilen Berg betrifft, so gibt der Kommentar an, es handle sich dabei bloß um eine Verschlüsselung, denn die Nullen haben keine Bedeutung. Die wahre Bedeutung liegt eher darin, dass der Tempel 160 Kilometer westwärts vom Schneeberg entfernt liegt. Der Weg führt zum „Sitz der Brüder", die Residenz des Maha-Chohan, der Hopahma des Della Penne, der der Führer der Bruderschaft ist, . . . welcher den Hermetikern unter dem Namen Urgaya bekannt ist!

In der Bibel steht: *„Da entrückte er mich im Geist auf einen großen, hohen*

Berg und zeigte mir die heilige Stadt Jerusalem, die von Gott her aus dem Himmel herabsteigt in der Herrlichkeit Gottes, ihr Glanz gleicht dem Glanz eines kostbaren Edelsteins, eines kristallklaren Jaspis." (Off.21,10-11).

Die Offenbarungen nennen Shamballa das „Neue Jerusalem" und wenn man diese Beschreibung liest, könnte man ihn irrtümlich für den Himmel halten, denn Shamballa ist stärker mit dem menschlichen Schicksal beschäftigt, als es die Sphären selber sind. Anni Besant und Manly P. Hall schreiben, dass alle Religionen der Welt ihre Hauptstadt in Shamballa, der heiligen Stadt in der Wüste Gobi, in der Mongolei haben. Das kann man damit vergleichen, dass jede Regierung ihre Hauptstadt besitzt und so gibt es auch eine geistige Hauptstadt, zur unsichtbaren Führung der Menschheit. Anni Besant schreibt im Buch „Der Stammbaum der Menschheit", dass der Untergang von Lemuria und Atlantis von Shamballa ausgingen. Somit bestätigt sie die Aussage Bardons im „Frabato".

Nun zu dem Bericht vom bekannten Theosophen Dr. Franz Hartmann, den ich im Vorwort kurz angeschnitten habe. Dass er tatsächlich in diesem „Kloster" gewesen sein kann, ist durchaus anzunehmen, denn seine Bücher weisen starke Parallelen zu den Werken von Franz Bardon auf. Er kannte die Gesetze der vier Elemente und auch ein Bericht über die Nixen lässt deutlich darauf schließen, dass es sich bei ihm um einen wahren Eingeweihten handelte. Aber nun zu seinem Roman:

Die Hauptperson wanderte in den bayerischen Alpen und dachte über Natur und Mensch nach, als sie plötzlich eine Stimme vernahm. Ein kleiner Zwerg – Kretin – wollte ihn zu seinem Meister bringen, was auch geschah. Sie gingen durch einen Tunnel und sahen ein wunderschönes „ätherisches" Land. Hartmann sah nun ein Kloster, dessen Dach wie bei einem Tempel durch eine Kuppel gekrönt wurde. Er wurde freundlichst durch einen etwa 35-jährigen Mann begrüßt, welcher ihn in die Adeptschaft der Gold- und Rosenkreuzer einführte und ihm anschließend den Tempel zeigte, den er sich schon lange ersehnt hatte. Der Adept führte ihn rum und zeigte ihm Gemälde von Gegenden, die mit den inkarnierten Magiern auf der ganzen Welt in Kontakt standen. Alle Religionen waren vertreten. Dr. Hartmann wurde gesagt, dass er sich auf ein Bild konzentrieren müsse und eine Sekunde später bewegte es sich, begann zu leben und eine Tür im Bild öffnete sich und ein orientalisch aussehender Adept verbeugte sich grüßend und ging seines Weges.

Der Meister zeigte ihm auch die riesige Bibliothek, dort gab es sogar verbrannte Bücher aus Alexandria. Diese Werke wurden aus dem Astrallicht (Akasha), das alles speichert, herausgeholt und aufgeschrieben.

Des Weiteren erklärte ihm der Meister, dass das Kloster durch eine magische Illusion geschützt sei, die kein Sterblicher zu durchdringen vermag. Sie verwirrt jeden, der das Kloster suchen würde und nicht die nötige Reife hat.

Die Brüder des Lichts beeinflussen alles, um jeden zur Mitte, zum Ausgleich zu bringen und jeder der dort Mitglied werden will, muss gewisse Eigenschaften vorweisen, genau so, wie es Franz Bardon im „Frabato" geschrieben hat!

Am Ende des Kapitels ersuchte er den Doktor durch den Berg zu schauen, worauf dieser seinen eigenen Körper wie tot am Boden liegen sah. Da er erkannte, dass er sich astralisch im Tempel befand, denn nur so gelangt man am besten dorthin! Damit endet das Kapitel über den Palast.

7. Maha-Chohan oder Urgaya
und die Brüder des Lichts

Zu diesem geheimnisvollen „Maha-Chohan", der dem Hermetiker besser unter dem Namen „Urgaya" bekannt ist, gibt uns H. A. Müller in seinem „Buch vom Buddha des Westens" noch Aufschluss. Er nennt ihn „Mahum Tah-Ta", genannt, der Weise vom Berge. Unter seinem Akasha-Foto steht: Initiator und Ur-Meister der „Blauen Mönche". Die Hierarchie nennt ihn im „Frabato" Urgaya, den Alten vom Berg oder auch den Altmeister. Er ist Ur-Initiator seit Weltbestehen und verkörpert sich nur höchst selten. Gewöhnlich nimmt er nur für ganz kurze Zeit eine Gestalt an, um diesem oder jenem Lichtbruder bei seiner Aufgabe beratend zur Seite zu stehen. Franz Bardon traf ihn nach Aussage seines Sohnes Lumir während eines Spazierganges mit seiner Frau. Er war als Mönch mit Kapuze ihm grüßend entgegengekommen. Des Weiteren ist Mahum Tah-Ta der einzig wahre „Guru" von Franz Bardon!

„Dieses höchste Wesen trägt den Namen „Initiator" und ihm beigesetzt sind die höchsten Dhyanis – Schöpfer – aus früheren Manvantaras, um die Pflanzenschule für zukünftige menschliche Adepten zu bilden" (siehe den Bericht von H.A. Müller).

Urgaya „ist der Baum, von dem sich in späteren Zeitaltern alle großen historisch bekannten Weisen und Magier wie Hermes, Enoch, Orpheus usw. abgezweigt haben. Als objektiver Mensch ist er die geheimnisvolle Persönlichkeit, über die im Osten zahlreiche Legenden existieren."

„Und er ist es auch wiederum, der die geistige Herrschaft über alle initiierten Adepten der ganzen Welt inne hat. Er ist der Initiator, genannt das „Große Opfer", denn an der Schwelle des Lichtes sitzend, blickt er in dasselbe aus dem Kreise der Dunkelheit, den er nicht überschreiten will; noch will er vor dem letzten Tage dieses Lebenszyklus seinen Posten verlassen. Warum bleibt der einsame Wächter auf seinem selbsterwählten Posten? Warum sitzt er an der Quelle der ursprünglichen Weisheit, von der er nicht länger mehr trinkt, weil er nichts zu lernen hat, das er nicht wüsste – fürwahr, weder auf dieser Erde noch in ihrem Himmel? Weil die einsamen Pilger mit wunden Füßen, auf der Rückreise in ihre Heimat, bis zum letzten Augenblick niemals sicher sind, ihren Weg nicht zu verlieren, in dieser grenzenlosen Wüste von Illusion und Materie, genannt das Erdenleben. Weil er gerne einem jedem Gefangenen, dem es gelungen ist,

*sich von den Banden des Fleisches und der Illusion zu befreien, den Weg
zeigen möchte zu jener Region der Freiheit und des Lichtes, aus der er sich
freiwillig verbannt hat. Weil er, kurz gesagt, sich selbst dem Wohle der
Menschheit geopfert hat, obwohl nur wenige Auserwählte Vorteil ziehen
können aus dem GROSSEN OPFER."*

*„Von diesem Maha-Guru gingen alle göttlichen Lehrer und Unterweise
aus, die Menschheit zu bereichern mit Künsten und Wissenschaften und sie
sind es, die die ersten, alten Zivilisationen gründeten . . ."*

Hartmann sagt über ihn: *„Der Maha-Chohan erscheint jedes Jahr einmal,
am 11. Februar, in Shigadze, dem Ort, wo die Meister der Theosophen
wohnen und die Adepten verkehren mit ihm . . . Er hat einen physischen
Körper; aber derselbe ist aus feinerem Stoff gemacht. Er kann
grobstoffliche Dinge durchdringen und eine beliebige Gestalt annehmen."*

Da Shamballa der Sitz Urgayas und der Blauen Mönche ist, welche gleich
zu setzen sind mit den Brüdern des Lichts, möchte ich auch kurz darauf
eingehen. Ich zitiere den Aufsatz aus den „Blättern zur angewandten
okkulten Lebenskunst" (S.10/April 1950), welche, obwohl die Fraternitas
Saturni aus hermetischer Sicht einseitig links orientiert war, manchmal sehr
gute Themen behandelten und ausarbeiteten. Wie immer man dazu stehen
mag. Der vielsagende und durchaus als wahr zu nehmende Text stammt von
Großmeister Gregorius und lautet:

„Die Wahrheit über die Weiße Bruderschaft!"

„Viele glauben sich berufen, aber nur wenige sind auserwählt!"

*Wie ein im Dämmerlicht abgeblendetes Bild einer nicht zu enträtselnden
Vision, taucht beim Studium der okkulten und esoterischen Literatur immer
wieder vor den Augen des Suchenden der so oft gebrauchte und
angewandte Begriff „Die Weiße Bruderschaft" auf.*

*Wohl keinem der studierenden Esoteriker, Okkultisten und Mystiker ist er
unbekannt geblieben. Wer aber unter ihnen allen weiß etwas Positives über
diese Bruderschaft zu sagen und zu berichten, was nicht erst aus Büchern
geschöpft worden wäre!! Keiner, denn derjenige, der ihr wirklich angehört,
schweigt über sie und propagiert sie auch nicht!*

*Genau so, wie es keinen Rosenkreuzer in der jetzigen Zeitepoche gibt,
welcher sich offen als ein Rosenkreuzer bezeichnen würde, selbst wenn er
zu dieser Bruderschaft gehören sollte, die in den vergangenen*

Jahrhunderten tatsächlich existierte und die auch heute noch besteht.

Es ist aber erstaunenswert, wie häufig sich sogenannte führende Okkultisten offen als Mitglieder der großen Weißen Bruderschaft bezeichnen, sich auf sie berufen, angeben, ihren Weisungen zu folgen und ihr eigenes Wissen in meist geschickter Form auf diese Vereinigung zurückführen.

Aber es gibt doch keinen unter ihnen, der es auch nur wagen würde, sich mit erklärenden Einzelheiten, Tatsachenberichten, wahrheitsgemäßen Erlebnisschilderungen, die sich nachprüfen lassen, vor seine Lehre oder Anhänger zu stellen, – es handelt sich hier meist um eine üble Mystifikation!

So sind als interessante Beispiele die beiden bekannten Bücher, die unter dem Titel: „Meister im fernen Osten" von einem anonymen Autor in Amerika erschienen und ins Deutsche übersetzt wurden, eine solche verwerfliche Täuschung. Meister Gregorius erhielt von der Übersetzerin dieser beiden Bücher, Frau Dr. Appia in Locarno, während seiner Emigration in der Schweiz, vertraulich eine bis in alle Einzelheiten gehende Erklärung über die Entstehung dieser Machwerke. Der Autor hat seine über die geheimnisvollen Meister nie tatsächlich erlebt und wurde in Amerika als Betrüger entlarvt! Er musste zugeben, alle seine Erlebnisse nur in der Phantasie gehabt zu haben, wobei man natürlich seine aufgestellte Behauptung, es wäre ihm alles von höheren Wesen zugeteilte mentale Visionen, zunächst trotzdem gelten lassen muss.

Mit großen Opfern ausgesandte Expeditionen in die von ihm geschilderten Gegenden kehrten resultatlos zurück.

Auch die beiden, in theosophischen Kreisen so oft genannten Meister der Blavatzky sind eine derartige Mystifikation! Sie selbst und der bekannte Theosoph Leadbeater mussten die bewusste Täuschung zugeben!

Meister Gregorius lernte im Jahre 1920 den bekannten Maler Prof. Schmiechen in Berlin kennen, der ihm erklärte und auch nachwies, dass er der Maler der beiden Bilder „Kut Humi" und „Moyra" sei, die er gezeichnet hat ohne jede Vorlage, nur nach seiner inneren Eingebung nach einem Gespräch mit der Blavatzky, mit der er jahrelang befreundet war. Alle anderen bekannten Bilder von Prof. Schmiechen z. B. sein Christus-Bild, gehören dem gleichen Bild-Genre an. Er sagte selbst, dass die beiden Meister nur der mentalen Bewusstseinssphäre der Frau Blavatzky angehören.

Auch der bekannte Maler und Schriftsteller Bo Yin Ra in Lugano, der sich *in seinen Büchern in so selbstherrlicher Weise der Verbindung mit der „Weißen Bruderschaft" rühmt, gibt zu erkennen, dass es sich hier nur um eine mentale Verbindung seinerseits mit einer Bruderschaft höherer Sphäre handelt. Er selbst war nur ein Protektor der Loge „Zum Weißen Gral", die von seinen Anhängern ins Leben gerufen wurde.*

Auch die „Älteren Brüder", auf die sich der Anthroposoph Rudolf Steiner bezieht, sind keine auf der materiellen Ebene existierende Verbindung. Es verhält sich also so auf allen Gebieten des Okkultismus, überall begegnen wir stets bewusster oder auch unbewusster, oft auch leichtfertiger Täuschung.

Es ist hart, aber im Interesse des Schülers unbedingt notwendig, dass hier einmal die reine Wahrheit gesagt wird, um einer kristallklaren Erkenntnis willen. Es gibt also die geheimnisvolle Weiße Bruderschaft organisatorisch weder in Tibet, noch in Indien oder in der Mongolei, noch irgendwo auf der Erde. Hiermit sind natürlich weder die Priesterschaften der östlichen Völker noch die Religionsgemeinschaften aller Nationen, noch die bestehenden Geheimlogen und Geheimbünde gemeint, noch die zahlreichen sonstigen derartigen bestehenden Vereinigungen oder Verbände. Alle diese Verbindungen sind esoterisch doch irgendwie fassbar und nachweisbar zu erreichen für denjenigen, der auch ernsthaft danach sucht und strebt.

Und trotzdem sei dem suchenden Schüler und Bruder hiermit gesagt und versichert: „Es gibt die Weiße Bruderschaft auf diesem Planeten Erde!" – Doch wird immer ausdrücklich betont, dass es sich hierbei um eine mentale Schwingung handelt, die nur für denjenigen mental hochgepolten Menschen wahrnehmbar ist und auch erreichbar, der sich innerlich seelisch und geistig soweit entwickelt hat, um die Reperkussion mit diesem geistigen Kraftfeld, so will ich es bezeichnen, zu erhalten, je nach seiner Reife und Gesamtentwicklung. "

*

Dion Fortune erwähnt in ihrem Buch „Selbstverteidigung mit PSI" dass es eine sogenannte „okkulte Polizei" gibt, die überall dort einschreitet, wo das Gleichgewicht gestört wird. Damit meint sie etwas symbolisch ausgedrückt die „Bruderschaft des Lichtes".

8. Die Wüste Gobi

Da schon mehrmals erwähnt wurde, dass sich dieser Tempel in der Wüste Gobi befindet, möchte ich auch hierzu noch interessante Informationen unter anderem von Madame Blavatsky weiterreichen. Das gesamte Gebiet der Wüste wird sorgfältig vor fremden Eindringlingen bewacht, sonst würden sehr viele aufsehenerregende Berichte die Zeitungen säumen. Marco Polo selbst sagte, dass diese Wüste „große Adepten der Zaubereien und der teuflischen Künste" hat. Es war auch das Geburtsland von Padma Sambhava, einer der Hauptapostel des Lamaismus. Die Tibetaner betrachten diese Örtlichkeit noch jetzt als den klassischen Boden der Zauberei und Hexerei. Nichts hat sich in Bezug auf die magischen Praktiken im Wandel der Zeit getan. Nur die Vorsicht der dort lebenden Adepten hat sich der Neugier der Reisenden angepasst.

„I.J. Schmidt sagt, dass nach dem Glauben der Nationen von Zentralasien die Erde und ihr Inneres sowie auch die Atmosphäre mit geistigen Wesen angefüllt sei, die einen teils wohltätigen, teils schädlichen Einfluss auf die Gesamtheit der organischen und anorganischen Natur ausüben. Insbesondere werden Wüsten und andere wilde unbewohnte Gebiete und Gegenden, in denen sich die Einwirkung der Natur in einem riesenhaften und schrecklichen Maßstab entfaltet, als der Hauptaufenthalt und Versammlungsplatz von bösen Geistern betrachtet. Und daher sind die turanischen Steppen und insbesondere die große Sandwüste Gobi seit den Tagen des grauen Altertums als der Wohnplatz bösartiger Geister angesehen worden.

An keine andere Gegend, nicht einmal an Peru, knüpfen sich so viele Überlieferungen wie an die Wüste Gobi. In der unabhängigen Tartarei war die entsetzliche Flugsandwüste einstmals, wenn die Überlieferung die Wahrheit sagt, der Sitz eines der reichsten Kaisertümer, die die Welt jemals gesehen hat. Es heißt, dass unter der Fläche ein solcher Reichtum an Gold, Juwelen, Statuen, Waffen und Gebrauchsgegenständen und von allem, was Zivilisation, Luxus und schöne Künste bedeutet, begraben liegt, wie ihn keine jetzige Hauptstadt der Christenheit heute zeigen kann.

Der Sand der Wüste Gobi bewegt sich regelmäßig vor schrecklichen Stürmen, die beständig wehen, von Ost nach West. Gelegentlich werden einige Schätze aufgedeckt, aber kein Eingeborener wagt sie zu berühren, denn die ganze Gegend steht unter dem Banne eines mächtigen

„Zauberers" (=Urgaya. Der Autor). *Tod würde die Strafe sein. Bathi – scheußliche pflichtgetreue Gnomen – bewachen die verborgenen Schätze dieses vorgeschichtlichen Volkes und erwarten den Tag, an dem die Wiederkehr zyklischer Perioden seine Geschichte zum Unterrichte der Menschheit neuerdings bekannt werden lässt.*" (G.B.3 S16-18)

In seinem Buch „Vertrauliche Mitteilungen aus den Kreisen der tibetanischen Meister" schreibt der Verfasser Dr. Hartmann unter der Beantwortung der 12. Frage – Was ist der Name des Oberhauptes der Geistigen Hierarchie auf dieser Erde und wo ist sein Sitz? – folgendes:

„Der eigentliche Name des Oberhauptes wird geheim gehalten. Nenne ihn Maha-Chohan. Der Sitz der geistigen Hierarchie auf diesem Erdball ist in Shamballa, in der Mitte der Wüste Gobi, welche vom Regierungsbezirk Irkutzk sich dorthin erstreckt, wo das Altaigebirge den Kuen Lun und Himalaja durchschneidet. Sie umfasst ungefähr 600.000 Quadratmeilen.
In der Mitte sind die „Himmlischen Berge" (siehe Akashafoto. Der Autor).
Der Ort war vor alten Zeiten eine Insel im Meer, wo sich jetzt die gobische Wüste befindet und ist sehr schön. Er und die ganze Umgebung wird von Elementarwesen bewacht und ist deshalb unzugänglich. Der Sand in der Wüste wird vom Wind oft wie Meereswellen bewegt; er ist salzhaltig und es ist dort sehr kalt. Ehedem war dort der Sitz der höchsten Zivilisation der ersten Unterrasse der fünften Rasse. Heute noch werden dort oft Gold und Silbergegenstände und Schmucksachen gefunden; aber die Grenzbewohner haben eine abergläubische Furcht vor diesen Funden und wagen es nicht, sie zu berühren."

Der Autor des Buches gibt in einer Anmerkung noch bekannt, dass es dem Entdeckungsreisenden überlassen bleibt, festzustellen, ob sich Shamballa auf der physischen oder vielleicht in der höheren Ebene befindet.

Heute ist diese legendäre Stadt aus der physischen Welt verschwunden und nach manchen manifestiert sie sich jedoch auf den ätherischen Ebenen derselben Gegend. Der Binnensee, welcher in fernen Zeiten den Tempel umgab, kann nicht mehr ausgemacht werden, da es unzählige kleinere Seen gibt.

China und die Mongolei umgeben die Wüste Gobi. Nach Osten und Westen erstreckt sie sich über fast 3000 km; die engste Stelle ist noch 500 bis 600 km breit. Das Gebiet, welches einst den Tempel beheimatete, liegt in der Mongolei. Anthropologen sind der Meinung, dieses Land sei die Wiege der erwachsenen Menschheit gewesen. Sie verfolgten die Spuren der Eskimo, nord- und südamerikanischen Indianer und der Maoris aus Neuseeland bis zur mongolischen Rasse zurück.

Jene, die durch die Wüste Gobi reisten, berichten, dass sich die einheimischen Träger mehr als bei anderen Wüsten, die sie durchquerten, fürchteten und Ehrfurcht zeigten. Die Eingeborenen behaupteten, dass einige beängstigende Szenen beobachtet hätten, wobei helle Lichtblitze in bestimmten Regionen dieser Wüste aufflammten. Eine wahrlich unheimliche Wüste . . .

Auch Sven Hedin, der bekannte Asienforscher, berichtet in seinem Buch „Durch Asiens Wüsten" verschiedene Legenden über die Wüste Gobi:

„Durch ganz Asien und Afrika zieht sich von Nordosten nach Südwesten, einem ausgetrockneten, riesig breiten Flussbett vergleichbar, ein Wüstengürtel hin: Die Gobi, der größere Teil der Mongolei, die Takla-makan in Ostturkestan, der Westzipfel der Gobi, der „Rote Sand" und der „Schwarze Sand" in Russisch-Turkestan, die Kewir und andere Wüsten in Persien, die Wüsten Arabiens und schließlich die Sahara. Die schrecklichste dieser Wüsten ist die Takla-makan, die sich südlich vom Jarkent-darja oder Tarim bis zu der gewaltigen Gebirgskette des Kvenlun ausdehnt, des nördlichen Grenzgebirges von Tibet – ein gewaltiger, völlig unbekannter Landstrich, den zum ersten Mal zu durchqueren ich mir im Frühjahr 1895 vorgenommen hatte.

Seit dem Sommer 1894 weilte ich in Kaschgar, der Hauptstadt von Chinesisch-Turkestan, lebte vier Monate auf den Hochländern des Pamir und unter den Kirgisen des Mustag-ata, des „Vaters der Eisberge", dessen 7880 Meter hohes Rückgrat ich viermal vergeblich zu ersteigen versuchte, und Anfang März 1895 verlegte ich mein Hauptquartier nach Lailik, einem kleinen schmutzigen Ort am Jarkent-darja, um dort meine Wüsten-wanderung vorzubereiten. Die Eingeborenen des Landes sowohl wie die chinesischen Behörden hielten meinen Plan einer Durchquerung der Takla-makan für völlig undurchführbar; aber was sie mir zur Abschreckung von dieser Wüste erzählten, war vielmehr geeignet mich anzuspornen und mein Vorhaben in reizvollerem Lichte erscheinen zu lassen.

Mitten in der Wüste zwischen dem Jarkent-darja und dem Chotandarja solle es ehemals eine große Stadt gegeben haben, die aber schon seit langem im Sande begraben liege; sie führe den Namen Takla-makan, der von ihr auf das ganze Wüstengebiet übergegangen sei. Im Innern der Wüste herrsche „Talesmat" (ein arabisches Wort, das Zauberei und übernatürliche Dinge bedeutet). In Türmen, Mauern und Häusern dort sei Gold und Silber in Barren aufgestapelt; aber komme jemand mit einer

50

Karawane dorthin und belade seine Kamele mit diesen Schätzen, so könne er nie wieder fort, sondern werde von den Geistern der Wüste festgehalten. Nur durch Fortwerfen des Goldes könne er sich retten.

Einige Bauern versicherten mir sogar, in der Wüste, die sie Dekkendekka nannten, seien „tausendundeine" Stadt begraben. Ein achtzigjähriger Greis, der von meiner Absicht gehört hatte, besuchte mich eigens in meinem Hofe, um mir zu erzählen, dass er in seiner Jugend einen Mann gekannt habe, der sich auf dem Wege von Chotan nach Ak-su in der Wüste verirrte. Dort sei er in eine alte Stadt gekommen, wo er in den Häusern eine Unzahl chinesischer Schuhe gefunden habe, die aber sofort in Staub zerfielen, sobald er sie berührte. Ein anderer habe sich von Aksak-maral aus ins Wüstenmeer hineinbegeben und sei auf eine Stadt gestoßen, in deren Ruinen er eine Menge Silber gefunden habe, womit er seine Taschen und einen mitgenommenen Sack füllte; als er sich aber mit seiner Beute fortmachen wollte, habe eine Schar Wildkatzen ihn so in Schrecken gesetzt, dass er alles wieder fortgeworfen und Hals über Kopf die Flucht ergriffen habe. Als er nach einiger Zeit neuen Mut fasste und sein Glück noch einmal versuchen wollte, habe er die geheimnisvolle Stadt nicht mehr finden können; der Sand habe sie wieder verschlungen.

Glücklicher sei ein Mollah aus Chotan gewesen. Tief verschuldet habe er sich vor seinen Gläubigern in die Wüste gerettet, um dort in Ruhe zu sterben. Dort aber habe er Gold und Silber in Massen gefunden und sei jetzt ein außerordentlich reicher Mann. Zahllos seien diejenigen, die, seinem Beispiel folgend, in die Wüste gegangen, aber nie wieder zurückgekehrt seien. Der Greis behauptete, erst müsse man die bösen Geister scheuchen, ehe man mit Hoffnung auf Erfolg nach verborgenen Schätzen suchen könne; denn die Geister verdrehten dem Wagemutigen den Kopf; ohne dass er es ahne, bewege er sich im Kreise und komme immer wieder in seine Spur zurück. So wandere er, bis er vor Müdigkeit umfalle und vor Durst verschmachte.

In Lailik wurde mir sogar versichert, die verschwundene sagenhafte Stadt, die hier unter dem Namen Schahr-i-katak oder auch nur Ktak umherspukte, liege nur 15 Kilometer westlich. Vor vielen Jahren habe ein Mann ihre Ruinen gefunden; seitdem aber habe man vergeblich danach gesucht. Nur Allah könne den Wanderer dorthin führen. Vor wenigen Tagen noch seien zwölf Männer aus Jarkent in die Wüste aufgebrochen, um Gold zu suchen; diese Goldsucher wählten gern die Zeit des Frühlings, in der Hoffnung, dass die Sandstürme dann die Goldlager freilegten. Ein anderer sei vor

einem Monat auf die Goldsuche gegangen, aber nicht mehr zurückgekehrt.
In Jarkent schließlich hatte man mir erzählt, dass der Wanderer in der
Wüste von Zeit zu Zeit Stimmen höre, die ihn beim Namen riefen; folge er
ihnen, so verirre er sich und komme vor Durst um. Ähnliches erzählt schon
der berühmte Reisende des Mittelalters, der Venetianer Marco Polo, von
der großen Lopwüste. Wenn die Reisenden bei Nacht wandern und einer
hinter den andern zurückbleibt, in Schlaf versinkt und dann, erwachend,
die übrigen wieder einholen will, hört er Geister reden, die er für seine
Kameraden hält. Manchmal sollen sie ihn sogar beim Namen rufen, und er
wird dadurch irregeführt, dass er seine Reisegesellschaft nie wieder findet.
Auf diese Weise seien schon viele in der Wüste umgekommen, versichert
Marco Polo.
Aus allen diesen Sagen und Märchen schloss ich zunächst das eine: Es gab
also hier in den Orten rund um die Wüste herum eine Menge Taugenichtse,
die fest daran glaubten, dass ihnen das Glück eines Tages unendliche
Schätze in den Schoß werfen würde. Solche Goldsucher sind faule
Tagediebe, die ihren Nachbarn zur Last fallen und ihre Zeit mit Stehlen und
Plündern ausfüllen, vor denen sich also besonders der Fremde in acht zu
nehmen hat. Woher aber kamen all diese Sagen? Wie erklärte es sich, dass
diese Legenden von der großen Stadt des Altertums Takla-makan, die der
Sand verschlungen habe, in Chotan und Jarkent, in Maral-baschi und Ak-
su von Mund zu Mund gingen? Waren es nur Fantastereien der
Eingeborenen, wenn sie verlassene Häuser gesehen haben wollten, die sie
bis in die kleinsten Einzelheiten beschrieben? Oder wollten sie sich nur
dem Europäer interessant machen, wenn sie ihm versicherten, es habe in
grauer Vorzeit im Innern der Wüste auch große Wälder gegeben,
Aufenthaltsorte für Moschustiere und anderes Wild?
Ein Zufall konnte das alles nicht sein. Diese Sagen mussten einen Grund,
einen gemeinsamen Ursprung haben. Weit, weit hinter ihnen gab es gewiss
eine Wirklichkeit, auf der sie fußten. Daher lauschte ich diesen Sagen mit
größter Aufmerksamkeit. Sie ließen mir die bevorstehende Reise mit jedem
Tag verlockender erscheinen und machten mich fast blind gegen ihre
Gefahren. Die unheimliche Wüste begann schon jetzt, mich zu verhexen,
selbst die Sandstürme, die ihre Wurzeln in der Tiefe der Wüsten haben,
erschienen mir prachtvoll und bezaubernd, und ich konnte die Stunde kaum
erwarten, in der ich als erster dieses Märchenland betreten sollte. "

9. Was wissen wir Hermetiker über den berühmten Tempel

In dem Werk von Hans Albert Müller „Das Buch vom Buddha des Westens" findet man im Kapitel „Die Bruderschaft der Blauen Mönche" – welche gleich zusetzen ist mit den Brüdern des Lichts – noch interessante Informationen. Der Autor war, wie ich in der Biographie über Franz Bardon schon schrieb, mit Meister Arion bekannt, welcher ihm die Akashafotos für sein oben genanntes Buch übergab. Auch einige Informationen aus diesem Buch sind von Bardon. Andere hat er dem Buch von Saint-Yves d´Alveydre „La Mission de l'Inde" übernommen. Da aber nicht alles Gold ist, was glänzt – vieles ist nicht wortwörtlich zu nehmen – fasse ich das Kapitel zusammen.

Wie bereits aus mehreren Schriften bekannt ist, zogen sich die Weisen nach dem „Untergang" von Atlantis in ein unzugängliches Gebiet zurück, um das Wissen und die Weisheit vor erneutem Verlust durch Umwälzungen zu bewahren. Insbesondere waren das zwei Priester (Magier), welche seit hunderttausenden Jahren leben und als Hüter der Urweisheit dienen. Die zwei Manus haben eine Schülerschaft um sich angesammelt, die einer Bruderschaft gleicht, die hin und wieder bekannt wurde. Ist Not am Manne, dann senden sie einen Adepten aus, der in Richtung der universalen Entwicklung dienen soll. Die Bruderschaft ist in Innerasien unter dem Namen „Die Blauen Mönche" bekannt. H.A. Müller meint, dass der Name daher rühren soll, dass die Bezeichnung der „blauen" Farbe an die Mäntel der Priester von Atlas erinnere. In Wahrheit aber mehr mit der Hautfarbe der Atlanten zu tun hat. (siehe „Über die 3. und 4. Wurzelrasse"). Der Verwalter, der Priester der eigentlichen Bruderschaft nach außen, ist jener Manu, der in ganz Tibet, besonders bei den Bhons und Rotkappen unter dem Namen „Mahum", wohl bekannt ist. Bardon nennt ihn „Mahum-Tah-Ta". Er ist der Hüter der arischen Astrologie, Pflanzenheil- und Elixierkunde, Magie und esoterischen Mathematik. Er ist der „Erste Gärtner" der von ihm als Zentrum geleiteten magischen Gemeinschaft „Die Gärtner des Lichts".

Den Jüngern Mahums ist die Welt der Garten Gottes, der Garten des Lichts, der Garten Eden, der Garten der Mitte – Midgard (Astralebene), denn sie vergleichen die Vegetation mit den Menschen: Wurzel = Rückgrad, Blüte = Sonnengeflecht usw. Mahum ist weiter der Herr des Trink- und

Wachthorns, wenn die Zeit der Wende kommt, der Mischer der Elemente, der Weise der Rhythmen, die er vom Himmel zur Burg – Shamballa – bringt, die ein einziger Abglanz des Kosmos ist! Er kennt den Bau der Weltsysteme und so hütet er die Burg und Heimstätte der Brüder in den hohen Bergen. Neben ihm aber, im Inneren des Bewachten, wirkt sein Gefährte, der in Asien unter dem Namen „Jammalka" (=Arion) bekannt ist. Ihn nennt man den Liebling der Mutter, den Meister des Schwans, den Herrn des Kelches der Rosenfrühe, den Sprecher und Dornbrecher, den Erfüller der Zeit. Sein ist die geheime Lehre vom Wort der Welt und die Lehre von der Verwandlung der Kräfte der Zeit und des Blutes in die des Raumes und des Lichts. Wenn sich die Brüder versammeln, spricht er die Worte des Wesens in der uralten Sprache – Runen –, welche die Führer mitsamt der Schrift noch von Atlantis her gebrauchen.

„Er kredenzt den Kelch, die Schale des erfüllten Mondes und sendet den Schwan der Erleuchtung zu allen heiligen Führern. Darum sind das Wort, der Kelch (der Schwan), die heiligsten Symbole der Blauen Mönche".

Doch dann taucht die Frage auf: „Wo ist der Sitz dieser Brüder? Wo ist der heilige Mittelpunkt aller arischen Weltströme?" – *„Viele indische Ur-schriften besagen, dass der Horizont der wunderbaren Insel Ceylon (Sir Lanka) gewissermaßen der Nullpunkt aller Erdeinteilung (heute Londoner Längengrad) in Richtung Ost oder West ist. Diese Westlinie ist wirklich äußerst bedeutsam. Der Wohnsitz der Blauen Mönche in den Bergen des Westhimalaja liegt genaustens auf diesem Urpunkt".* Näheres dazu wird nicht gesagt, außer, dass die Sehnsucht aller Religionsmysterien zu diesem Punkt hin strebt.

Viele Eingeborene Innerasiens kennen angeblich die „Burg". Ihre Führer holen sich Rat ein. Darum heißt es in ihren Schriften: „Wer ist im Besitz des wahren geheimen Wissens? Die Erhabenen Lehrer auf den schnee-bedeckten Bergen!"

Die Tibeter meinen im Westen ihrer Welt sei ein heiliges Land, wo ein Heiliger mit überirdischen Kräften wohnt – genannt Ho-Pah-Me! Auch der indische „Olymp" befindet sich ungefähr dort. Hier entspringt der Hindus, auch Nila, der Blaue Fluss des Blauen Berges genannt. Westtibet ist auch den Mongolen heiliges Land. 1188 km von Lhasa wähnt man Shamballa, die heilige Stadt der Götter. Der größte chinesische Eingeweihte Laotse brach kurz vor seinem Tode nach dorthin auf. Der sagenhafte Priester Johannes (Oannes der Fisch) soll nach Quellenschriften dort leben, ebenso der Jünger Jesu, Andreas!

Die Schriften der Rosenkreuzer waren die Zwischenträger für den Gedankenkeim, aus dem sich das Shamballa-Motiv entwickelte. In diesen mystischen Schriften lebte u. a. eine Legende weiter, die im Mittelalter weite Verbreitung gefunden hatte, nämlich die Erinnerung an das sagenhafte Reich des Priesters Johannes. Nach der Überlieferung des Mittelalters war der Priester Johannes im 12. Jahrhundert der christliche Fürst eines großen Reiches im östlichen Asien und wurde auch „Indorum Rex" genannt. Mittelalterliche Chronisten erwähnen Briefe von dem Priester-König Johannes, die wahrscheinlich apokryph sind. Im Laufe der Zeit wurde diese Sage vielfach ausgeschmückt und später wurde sein Reich nach Ostafrika und Äthiopien verlegt. Es wurden viele Reisen unternommen, um das Reich des Johannes zu entdecken. Später setzte sich teilweise die Ansicht durch, dass Abessinien das Reich Johannes sei, und noch im 17. Jahrhundert wurde es vielfach als Regnum Presbyteri Johannis bezeichnet. Die Sage vom Reiche Johannes soll sich, gemäß Oppert, auf das Reich des Kurchans (Volkschans) von Karakitai (der schwarzen Kitan) beziehen, das im 12. Jahrhundert von dem aus Nordchina vertriebenen Stamm der Kitan unter Jeljubaschi in der Großen Bucharei gegründet wurde und dessen Residenz Kaschgar war. Der letzte Abkömmling Jeljubaschis wurde von Kutschluk gestürzt, der 1208 Dschengeis-Chan erlag. Die Karakitaier waren wahrscheinlich nestorianische Christen, d. h. Anhänger des auf der Synode zu Ephesos (431) verdammten Häresiarchen Nestorius. Kurchan verwechselt man mit dem syrischen Juchan (Johannes). Diese Deutung ist jedoch von Zarnke angefochten worden, der die indische Heimat und auch die Echtheit der Briefe des priesterlichen Fürsten verteidigt. Letztere sollen der Anlass dazu gewesen sein, dass Emanuel von Portugal den Weltumsegler Vasco de Gama beauftragte, das Reich des Johannes aufzusuchen!

Nachdem durch die Legende des Priester Johannes die geografische Lokalisierung des Shamballa-Motivs möglich geworden ist, bleibt uns noch festzustellen, wie sich die Vorstellung ausgebildet hat, dass Shamballa ein spirituelles Zentrum der Welt ist. Auch hierfür finden wir bestimmte Anzeichen. Wolfram von Eschenbach hat als Erster die Figur des Priesters Johannes in die Gralssage eingeführt.

Dort wird derselbe kurz in folgenden Zeilen erwähnt:

„Nachmals in Indien gewann
Sie einen Sohn, mit Namen Johann,

Den man Priester Johannes hieß,
Welchen Namen durch alle Zeiten
Man dort den Kön'gen des Landes ließ".

Wenngleich der Priester Johannes in Wolframs „Parzival" auch nur kurz erwähnt wird, so ist dieser Hinweis umso bedeutungsvoller, als andere erhaltene Darstellungen der Parzivalsage, den jüngeren Titurel, der aus Wolfram geschöpft haben wird, ausgenommen, diese Figur nicht kennen. Nach der mittelalterlichen Sage schien den Hütern des Grals das Abendland zu sündhaft und nicht mehr würdig genug, das Heiligste und Höchste, was das Christentum den Geweihten zu zeigen hatte, aufzubewahren, und sie wandten sich daher gegen den Orient, von wo uns die Sonne kommt. Der Gedanke lag daher nahe, das fabelhafte Priesterkönigtum des hl. Grals mit dem Priesterkönig Johannes in Verbindung zu bringen. Von dem Lande des Priesters Johannes heißt es im Titurel, sein Land liege dem Paradiese nahe, welches Gott von der Welt geschieden hat durch einen Berg, hell glänzend wie Glas. Hoch in der Luft belegen, ist es vor dem Zutritt jedes Menschen bewahrt; ja es liegt so hoch, dass selbst Vögel sich zu dieser Höhe nicht aufschwingen können. Die Analogie mit dem legendären Shamballa, das in den Himalaja verlegt wird, ist hier unverkennbar, denn dieser ist das größte Gebirge der Erde und dessen Name bedeutet im Sanskrit „Stätte des Schnees".

Dort soll sich der Tempel des Lichts befinden, der alle Geheimnisse des Kosmos, alle Religionen, in sich trägt. Es ist das Haus der Mitte, der „Laga-Vana", wie auch das Plateau auf dem er steht, der Mittelpunkt der einen Erdhälfte sein soll. Von hier aus werden alle geistigen Strömungen inspiriert. Verschiedene Adepten bekommen von hier ihre Aufträge, die Welt zu verändern. Wie Meister Joshua, oder der semitische Patak genannt Manes, der den „Orden der Manichäer" gründete. Auch die Mysterien des Gralsordens Parsivals, dessen Grundlagen nach Indien weisen, haben ihren Sitz in der Gralsburg, im Shamballa! Darum hießen die Gralsritter „Ritter des Schwans", eine Symbolik, die auf den Tempel hinweist. Auch der Dienst bei Artus im Tempel der Blauen Mönche auf dem Berg Montsalvach, das ist der Berg „Mont der Sonnen", ist eine Anspielung auf den goldenen Palast.

Parsival war ein Parada des Schwanenmysteriums, ein Jünger des Führers der Blauen Mönche Jammalka! 700 n.Chr. kam Abdallah ibn Maimun, der die Lehren der Ismaelier vertrat, danach der Druse Hamza. Für das

Abendland von größerer Bedeutung war Christian Rosenkreuz. Weiters die beiden Blauen Mönche Johann Valentin Andreä und John Dee. In Tibet kam Tsong ka Pa, der den Buddhismus reformierte.

Anion berichtet, dass er selbst mit seinem Freund Daskalos in der letzten Inkarnation in Schweden sich – wie auch immer – auf den Weg machte, um nach Shamballa zu gelangen. Beide waren angeblich Mitglieder in einem Rosenkreuzerorden und wollten zum Tempel des Lichts, um dort höhere Einweihungen zu erlangen. Blavatsky bestätigt, dass einige „Freimaurer" nach dorthin aufbrachen. Anion erzählte mir, dass der Körper von Quan Yin Lam unverwest sich im Tempel befinden soll. Das könnte der Tote sein, um den es sich im Artikel von Dr. Lomer handelt. Vorausgesetzt, er entspricht der Wahrheit! Weiteres berichtete er mir, dass nach der explosiven Herausschleuderung von Atlantis aus der Erde (siehe „Über die 3. und 4. Wurzelrasse"), welcher als Mond uns jede Nacht entgegen schimmert, die hoch entwickelten atlantischen Magier sich nach Osten begaben, um dort Shamballa zu errichten. Dieses ist halb astral, halb materiell. Es ist unsichtbar, weil ein Kraftfeld das Licht in geeigneter Form bricht. Das ist der Grund, warum es vom Weltraum trotz hoher technischer Geräte nicht zu sehen ist. Zu suchen wäre dieser Ort nahe der Grenze Tibet zu China. Er liegt in Mitten eines Sees, umgeben von Hügeln und Bergen. Wenn jemand versuchen sollte, per Boot den Tempel zu erreichen, dann kommt Nebel auf und man kommt unweigerlich vom Kurs ab. Das ist der Grund, warum Musallam und Hartmann – bevor sie am Ziel ankamen – von Nebel oder Illusion sprachen, die die Wassernixen hervorrufen.

10. Der Tempel der Blauen Mönche

1) Er symbolisiert die göttlichen 4 Elemente.
2) Magische Symbole bedecken seine Außenwand.
3) Das griechische Wort bedeutet „Erkenne dich selbst" (gnotise auton).
4) Sitz der Blauen Mönche; Wesen, die sich vor der Schöpfung unseres Sonnensystems schon vervollkommnet haben, wirkten an der Schöpfung mit.
5) Die Säule am Tor zum Tempel teilte den hermaphroditen Menschen in Mann und Weib.
6) Alle Religionen sind – wie man auf dem Bild sieht – vertreten.
7) Der Tempel existierte bereits im Astralreich vor der Schöpfung.
8) Im Lichttempel gibt es einen Raum, den nur Urgaya betreten darf; er scheint hell lila und eine Kugel schwebt darin, welche das kosmische Sonnensystem mit Milliarden von Sonnen darstellt. Es ist das Universum im Kleinen!
9) Eine Vollversammlung findet alle 2000 Jahre statt.
10) Der Tempel wird von 12 unsichtbaren Leuchtern erhellt.
11) Auf 22 Säulen der Weisheit ruht die Decke; jede davon strahlt ihr Licht der Weisheit aus und symbolisiert eine große Tarotkarte.
12) Urgaya – Mahum Tah-Ta – ist der Altmeister, der Alte vom Berg und keine Inkarnation des Arions; sein Astralkörper strahlt wie flüssiges Gold und seine Augen funkeln wie die reinsten Diamanten.
13) Es gibt 12 Adepten, 72 Weise und 360 Meister; diese Zahlen haben Bezug zur Bibel – 12 Apostel – 72 Jünger und die Zahl 360 befindet sich nur noch im Judas-Evangelium.
14) Der Garten Eden existiert und symbolisiert die grobstoffliche Welt. Er wächst unaufhörlich weiter.
15) Alles, was im Shamballa gelehrt, besprochen und getan wird, verwirklicht sich auf Erden.
16) Auch der Tempel wächst, da das Wissen und die Weisheit immer größer wird. Dieser Palast entspricht der Ur-Rune, weil dort das Ur-Wissen und die Ur-Weisheit verborgen liegen.
17) Alles wird dort mit Hilfe der quabbalistischen Mathematik berechnet und umgesetzt!

18) Der Ursprung jeglicher Tätigkeit auf Erden liegt im Shamballa!
19) Es gibt einen Meditationsraum mit lebenden Statuen der vier Dhyani-Buddhas, genau so, wie sie in der vierten Taraotkarte dargestellt werden.

*

Nach dem Tod meines Freundes Anion erzählte mir seine Frau Ariane eine äußerst interessante Geschichte, die gut zu unserem Thema passt. Vorweg möchte ich noch erwähnen, dass sie als Zwillingsseele über die gleiche Reife verfügt, wie ihr Mann. Sie beherrscht den „Adepten" und die „Evokation" ist ihr auch nicht unbekannt.

Nun zum Bericht: „Als es mir noch gesundheitlich gut ging, durchforschte ich jede Nacht das Astralreich um Kenntnisse zu sammeln, die keinem Sterblichen zuteil werden. Den Höhepunkt bildete eines Nachts das Erscheinen eines Mönches, welcher in einem goldnen Licht erstrahlte, das mich nahezu blendete. Ich war dermaßen verwundert, dass ich kein Wort hervorbrachte. Er aber kam mir entgegen und sagte:

„Komm und folge mir. Dir wird nun dein Wunsch erfüllt, den du schon lange hegtest."

Ich stand auf und drehte mich um. In meinem Bett liegend sah ich meinen Körper. Sofort übernahm mein Astral das Atmen und im nächsten Augenblick befanden wir uns vor den Tor des Lichttempels. Das, was ich da sah, ist kaum zu beschreiben. Alles leuchtete im goldenen Licht, Edelsteine blitzen und funkelten und ein Gefühl überkam mich, welches man nur mit „Göttlichkeit" umschreiben kann. Die Eindrücke waren für mich zu groß, als dass ich mir irgendetwas von diesem wunderbaren Bau merken konnte. Der Mönch führte mich zwar überall hin, aber ich war von der Erhabenheit zu sehr berauscht. Als wir beim Garten Eden ankamen, sah ich wunderschöne Pflanzen, die ich in meinem ganzen bisherigen Leben noch nie gesehen hatte. Er erklärte mir ihre Wirkung, nannte mir ihren Namen.

„Wie sollte ich mir das alles merken. Die Eindrücke sind mir viel zu viele?"

„Wenn die Zeit kommt, so wirst du dich daran erinnern", entgegnete er und ich befand mich augenblicklich im Bett, wo Anion friedlich schlummerte.

*

Als mein Freund Angelus vor einiger Zeit bei mir war, erzählte er folgende Geschichte, mit der ich mein Buch beenden möchte:

„Du weißt ja, dass in meinem Zimmer ein kleines Bild vom Tempel des

Lichtes hängt und als mal Ariane vorbeikam, sah sie auf dieses „Akasha-Foto" und sagte ganz unerwartet:

„Also wenn ich eine Heimat hätte, dann wäre das der Tempel „Shamballa"!"

Ich war perplex, das kannst Du Dir ja vorstellen. Natürlich hackte ich nach und wollte mehr wissen.

„Wie kommst Du darauf?"

„Ich war in einer Inkarnation als Priesterin in diesem Tempel und hatte die Aufgabe, die riesige Bibliothek zu verwalten."

„Warum das?", wollte ich schon fragen, aber das Klingeln des Telefons unterbrach dieses kurze Gespräch . . .

Nachwort:

Die einzelnen Artikel, die ich erneut veröffentlichte, stammen großteils von Menschen, die den Weg der Mitte gingen wie z. B. von Dr. Lomer und Dr. Hartmann. Man kann ruhigen Gewissens annehmen, dass sie das Geschilderte in irgendeiner Form auch wirklich erlebt hatten.

Bei denen, die einseitige Wege gingen, es aber dennoch behaupteten, dort gewesen zu sein, habe ich ein Kommentar angeführt, damit der Leser nicht in die Irre geführt wird.

Quellennachweis:

Blätter für angewandte okkulte Lebenskunst
Psyche
Asgard
Zum Licht
Dido
Saturn-Gnosis
Die Andere Welt
Zentralblatt für Okkultismus
Hartmann – Abenteuer unter Rosenkreuzer
Blavatsky – Geheimlehre 1-3
Blavatsky – Isis entschleiert 1-2
Bardon – Frabato
Harrer – Wiedersehen mit Tibet
Liion – Tibet - Band 1 und 2
Ossendowsky -Menschen, Tier Götter
Hartmann – Vertrauliche Mitteilungen aus den Kreisen der
tibetanischen Meister
Sättler – 5 Bände `Reisen und Abenteuer´
Müller – Das Buch vom Buddha des Westens
Baumann – Auf der Suche nach Shangri-La
L.Engel – Das Tal der Glücklichen
Gurdjieff – Begegnung mit bemerkenswerten Menschen
Bätz – Indische Geisterstädte
Pauwles – Aufbruch ins 3. Jahrtausend
Private Manuskripte
Dion Fortune – Selbstverteidigung mit Psi
Hilton – Irgendwo in Tibet
Yoganada – Autobiographie eines Yogi
S.Hedin – Durch Asiens Wüsten

Internetartikel:

ZDF Expedition
Thomas Ritter – Die magische Stadt im Himalaja
Newhouse – Die Tore der Weisheit

Weitere Bücher aus dem Christof Uiberreiter Verlag:

Das goldene Blatt der Weisheit
Seila Orienta/Franz Bardon

Zum ersten Mal in der okkulten Literatur wird die 4. Tarotkarte des Hermes Trismegistos verständlich beschrieben und offengelegt. Sie beinhaltet unbekannte Konzentrations- und Meditationsübungen. Des Weiteren gibt sie Hinweise und erklärt die Unterschiede zwischen Magie und Mystik und Gefahren des einseitigen Weges. Am Ende steht die Verbindung mit der universellen Gottheit, dem Herrn der Sonnensphäre, welcher quabbalistisch „Metatron" genannt wird.

*

5. Tarotkarte – Mysterien des Steins der Weisen
Seila Orienta/Franz Bardon

Dieses Buch stellt die Vorderseite der Alchemie dar, die die einzelnen praktischen Übungsschritte erklärt, ohne die verschlüsselten Mystifikationen der alten Alchemisten auch nur annähernd zu erwähnen, wie man es aus den anderen Büchern des Franz Bardon kennt. Es wird erklärt, dass ohne vollkommene Beherrschung der 4 Elemente keine Alchemie möglich ist. Des Weiteren wird mit den einzelnen Ebenen, mit den Matrizen, dem elektromagnetischen Fluid usw. gearbeitet. Doch den Hauptpunkt stellen die göttlichen Eigenschaften wie z. B. die Allmacht dar, mit denen der Göttliche Stein der Weisen durch gewisse Übungen geladen wird.

*

Talismanologie und Mantramkunde
Seila Orienta/Franz Bardon

Zum ersten Mal werden hier (magisch) geladene Mantrams – Gebetssätze – preisgegeben, welche bei nötiger Reife, Ausgeglichenheit und Reinheit durchdringende Erfolge versprechen. Mantrams sind ja nach Bardon nicht irgendwelche „Suggestionssätze", sondern sie sind Ideenausdrücke, mit denen man mit Mächten, Kräften, Eigenschaften, also Gottheiten, in Verbindung kommen kann. Gleichzeitig werden die dazugehörigen Siegelzeichen der göttlichen Ideen preisgegeben, welche im rituellen

Zusammenhang mit den Mantrams stehen. Ein Buch, das nicht nur die Hermetiker, sondern auch die Anhänger der Yogawissenschaften inspirieren wird!

*

Eine Sammlung der schönsten und lehrreichsten Beschwörungsgeschichten
Hohenstätten

Dieses Buch ist einzigartig, denn es zeigt den zweiten Band von Franz Bardon an Hand von interessanten Evokationsberichten, die genau das bestätigen, was Bardon in seinem Buch geschrieben hat, und noch darüber hinaus. Es werden sensationelle Erlebnisse geschildert, die man sonst niemals findet. Auch aus unveröffentlichten Schriften wird zitiert.

*

Verkörperungen des Meister Arion
Hohenstätten

Man wird beim Lesen dieses Buches nicht glauben, wie viele bekannte und unbekannte Inkarnationen Franz Bardon hatte. Die paar, die im „Frabato" bekannt gegeben wurden, stellen nur einen geringen Teil seiner Verkörperungen dar. Wir mussten, da es dermaßen wenig Literatur über die Verkörperungen gab, wieder Hunderte und Aberhunderte von Büchern, Aufsätzen, Zeitschriften und Artikeln durcharbeiten, bis wir genügend Material für dieses Buch hatten. Aber der Leser wird sich beim Lesen sicherlich über unsere Arbeit freuen, denn sie wird ihn in Erstaunen versetzen!

*

Shamballa, der goldene Tempel des Lichts
Hohenstätten

Dieser Tempel dürfte jeden Leser von Bardons Roman „Frabato" fasziniert haben. Dass es aber in der okkulten Literatur noch viel mehr Informationen darüber gibt, die man aber nur findet, wenn man alles Veröffentlichte gelesen hat, dürfte dem einen oder anderen unbekannt sein. Es wurden wieder ganze Stöße von Büchern durchgesehen und das Ergebnis wird hier veröffentlicht. Es wird aber gleichzeitig darauf hingewiesen, wie viel Schundliteratur es darüber gibt, wie viel Lügen im Umlauf sind, damit sich der Schüler der Hermetik ein klares Bild machen kann. Wir bringen in diesem Buch alles, was wir an Material darüber gefunden haben, und es wird auch noch einiges aus der eigenen Erfahrung, was das Wertvollste ist, mitgeteilt. Nicht nur über den Tempel wird berichtet, sondern auch über die damit verbundene „Bruderschaft des Lichts", deren Sitz er darstellt.

*

Auf der Suche nach Meister Arion
Hohenstätten

Diese Autobiographie eines Schülers der Hermetik des Franz Bardon schildert sein magisches Leben, in welchem zahlreiche Erfahrungen zu den Übungen aus dem Adepten geschildert werden, die die Hauptperson selbst erlebt hat. Es wird der schwere Weg des Adepten aus autobiographischer Sicht gezeigt, seine vielen Tiefschläge, aber auch seine glanzvollen Seiten und Zeiten. Der harte Kampf mit dem Seelenspiegel wird bis in alle Einzelheiten aufgezeigt, genauso wie die vielen anderen Wege, in welche der Autor reinschnupperte, um dadurch reichlich Erfahrung sammeln zu können. Darüber hinaus enthält es unzählige Erfahrungen und Berichte betreffs Mantramistik nach Bardon, die wahre Runenmagie, zahlreiche Evokationen sowie Invokationen mit seinem Lehrer Anion, einen magischen Exorzismus, wie er bisher noch nie öffentlich geschildert wurde. Mentalreisen, Beeinflussungen, Übungen zur Gottverbundenheit, Erscheinungen, Alchemie, Heilungen mit den verschiedensten magischen Methoden z. B. Quabbalah oder durch die Elemente, Schutzgeistevokationen und viele andere magische „Wunder" seines Freundes und Lehrers Anion. Auch einige magische Fotos in Farbe, ein bisher von Bardon unveröffentlichtes Akashafoto von Christus und ein Bild des schwebenden Meister Arion werden in diesem Buch preisgegeben. Der Inhalt ist viel reichlicher, als hier kurz beschrieben werden kann.

*

Magisches Gleichgewicht
Hohenstätten

Dieses Buch zeigt eindeutig, dass in allen anderen Systemen das „Gleichgewicht" genauso gebraucht wird, wie bei Bardons Werken. Er war nicht der Einzige, der das erwähnte, aber er war der erste, der es deutlich erklärte, denn die anderen Systeme sprachen nur durch das Symbol, welches nicht jedem Leser verständlich war. Obendrein bringen wir noch Unveröffentlichtes vom Meister Arion zu dieser Grundlage der magischen

Entwicklung.

*

Das Leben und die Erfahrungen eines wahren Hermetikers
Seila Orienta

Diese Autobiographie eines Magiers ist unübertroffen, denn bis jetzt hat kein einziger okkult Geschulter so offen und ehrlich gesprochen wie Seila Orienta. Er gibt in diesem Werk sein Leben bekannt, sowie seine zahlreichen und äußerst interessanten Erlebnisse und Erfahrungen. Es werden auch zum ersten Mal Fotos von Wesen der Sphären gezeigt, welche Franz Bardon höchstpersönlich in den 1920ern gemacht hat. Des Weiteren schreibt Seila Orienta über die Sphären, über Dämonen, Logenkontakte und vieles, vieles mehr, was einem ehrlich strebenden Hermetiker das Herz übergehen lassen wird.

*

Das Leben des Franz Bardon
Hohenstätten

Dieses Buch beschreibt das Leben des Meisters außerhalb des Frabatos, welches seine Sekretärin – Otti V. – geschrieben hat. Es beinhaltet Erklärungen zu seiner „Biografie", weitere Einzelheiten über den Kampf mit der FOGC, seine Beziehung zu Wilhelm Quintscher und anderen Okkultisten, was alles bisher unbekannt war! Des Weiteren werden viele Erlebnisse seiner Schüler in Prag erzählt, verschiedene magische Leistungen und interessante Geschichten Bardons beschrieben, die bis dato unveröffentlicht sind. Es werden auch seine drei Lehrwerke und deren Wirkung auf die Öffentlichkeit von einem anderen, unbekannten Standpunkt geschildert, welcher durch bisher schwer zugängliche Schriften unterstützt wird. Als Krönung wird seine aus dem Tschechischen übersetzte „Runenschrift" zum ersten Mal veröffentlicht. Auch einige Seiten aus anderen unveröffentlichten Schriften von ihm sowie interessante Fotos des Meister Bardon und seiner Freunde werden hier preisgegeben und vieles, vieles mehr.

*

In Verbindung mit der Gottheit
Hohenstätten

Über das Thema der Gottverbundenheit mit all seinen Formen und

66

Methoden wurde bis heute noch nie ein Buch verfasst, geschweige denn eine Schrift geschrieben. Man findet in der okkulten wie in der östlichen Literatur nur spärliche Hinweise, die größtenteils verschlüsselt sind oder so geschrieben wurden, dass man sie kaum versteht. Im Gegensatz dazu wird in diesem Buch offen dargelegt, dass das 1. kleine Arkanum der 78 Tarotkarten die Gottverbundenheit in ihrer Reinform darstellt.

*

Hermetische Heilmethoden
Hohenstätten

Dieses Buch stellt in der okkulten Literatur ein absolutes Unikum dar, denn über die Gesamtheit der okkulten Heilmethoden wurde bis jetzt noch NIE etwas Sinnvolles geschrieben. Es werden alle Heilmethoden erwähnt, die der hermetische Schüler mit Hilfe seiner bisher erlangten Konzentrationsfähigkeit ausüben und verwenden kann.

*

Erste hermetische Zeitschrift

„Der hermetische Bund teilt mit" ist eine der wenigen magisch-mystischen Zeitschriften, welche sich soweit als möglich auf die universelle Lehre von Franz Bardon bezieht. Sie versucht sich an die Gesetze des 4-poligen Magneten zu halten und vermittelt Wissen sowie Hinweise für die Praxis, damit der Leser die Möglichkeit hat, sie in seinen hermetischen Weg aufzunehmen und für sich gewinnbringend zu verarbeiten.

Noch viel mehr hermetische Literatur finden Sie auf unserer Website: http://www.hermetischer-bund.com.

Viel Vergnügen beim Stöbern!

Der Verlag